智慧父母成长课堂

注重培养孩子健全的人格

刘玉梅　孙少华　编著

清華大學出版社
北京

内容简介

本书以国内外的心理学研究成果为依据，探究孩子健全人格的培养路径。全书分为三篇。第一篇主要介绍了不同年龄阶段孩子人格发展的特点，旨在提醒父母要遵循孩子身心发展的内在秩序，与孩子一道放慢脚步，共同体味生命与成长的美好。第二篇重点分析了影响孩子人格形成的各种因素，包括生物遗传、家庭环境、父母教养方式、早期童年经验、幼儿园及学校教育、同伴关系、社会文化等。第三篇详细阐述了培养孩子健全人格的方法。

本书在编写时努力体现"读者中心"与"读者友好"的理念，集科学性、知识性、指导性和实用性于一体，既有生动真实的案例介绍，又有深入浅出的理论分析，表述风格兼顾通俗性与严谨性，可以让广大父母在轻松阅读中受到启发，孩子和家庭同时受益。

图书在版编目(CIP)数据

注重培养孩子健全的人格/刘玉梅，孙少华编著. —北京：清华大学出版社，2021.10
(智慧父母成长课堂)
ISBN 978-7-302-59222-8

Ⅰ. ①注… Ⅱ. ①刘… ②孙… Ⅲ. ①家庭教育 Ⅳ. ①G78

中国版本图书馆 CIP 数据核字(2021)第 188087 号

责任编辑：田在儒
封面设计：刘　键
责任校对：袁　芳
责任印制：宋　林

出版发行：清华大学出版社
网　　址：http://www.tup.com.cn，http://www.wqbook.com
地　　址：北京清华大学学研大厦 A 座　**邮　　编**：100084
社 总 机：010-62770175　**邮　　购**：010-62786544
投稿与读者服务：010-62776969，c-service@tup.tsinghua.edu.cn
质量反馈：010-62772015，zhiliang@tup.tsinghua.edu.cn
印 装 者：小森印刷霸州有限公司
经　　销：全国新华书店
开　　本：148mm×210mm　**印　　张**：32.375　**字　　数**：635 千字
版　　次：2021 年 10 月第 1 版　**印　　次**：2021 年 10 月第1 次印刷
定　　价：198.00 元(全 5 册)

产品编号：088198-01

“智慧父母成长课堂”丛书
编委会名单

主　　任：王伯军

副 主 任：杨　敏　王松华　江伟鸣　姚爱芳

编委会成员：王　芳　蒋中华　徐文清　祝燕国　赵双成

吴　燕　沈忠贤　丁海珍　王　欢　应一也

张　令　陆晓春　叶柯挺　朱　斌

丛书主编：杨　敏

本册作者：刘玉梅　孙少华

序

PREFACE

古往今来，纵观人类文明史可以发现一个永远不变的真谛：父母不仅是儿女的第一任教师，更是儿女的终身教师。家庭教育作为人生教育的第一课，是学校教育、社会教育的基础，也是一个人世界观、人生观、价值观形成的重要基础。它不管是在每个人一生的成长过程中，还是在社会风气和社会文明的形成发展中，都具有强本铸魂的奠基作用。因此可以说，家庭作为人接受教育的摇篮和接受教育的第一个场所，在人一生由浅入深的教育过程中，任何人所接受的最浅显、最基础的教育，都是通过家庭、特别是通过父母来完成的。如果没有家庭教育所传授的那些基本知识、学习本领、生活技能等作为基础，人是很难顺利接受学校教育和社会教育的。是故，家庭既是人的第一课堂，也是人的终身课堂。

世界已经进入终身学习的时代，而一个国家的终身教育平台是靠家庭教育、学校教育、社会教育三大支柱支撑的。时至今日，我国的学校教育、社会教育都有法律的规范、科学的指导、现代技术的支持，而家庭教育则处于初始状态，缺乏系统的科学指导，在某些方面忽视甚至抵触现代教育理念。

在此背景下，"智慧父母成长课堂"丛书应运而生。本丛书以教育部出台的规划精神为指导，遵循家庭教育常识和有关规律，面对现实问题，秉持人性论、生存论、人本主义等理论基础，观照家庭教育对象生命的独特性和完整性、生命体验以及生存状态，坚持以社会学为主导的多学科、综合视角，避免如教育学、心理学等单一学科思维，且兼具可读性、科学性和实用性。

本丛书具有以下三个亮点。

第一，全新的认识和理念。当下家庭教育中最需要接受教育的不是孩子，而是父母。当前中国的家庭教育现状不容乐观，最大原因是中国家庭传统的断裂与师承出了问题。大多数父母对孩子的教育都是继承而不是创新，认为只要按照从上一辈那里学来的经验来教育子女就大致不会出错，认识不到自己所获得的家庭教育经验在巨变下的今天已经无法参照。因此，处在摸索阶段的当代中国父母在家庭教育中出现的问题看似在孩子身上，根却在成人身上，家长的自身教育已经刻不容缓。

第二，科学的认知和建构。当下家庭教育中最需要纠偏的不是教育策略，而是教育理念。以耳提面命、时时关注、步步盯梢的方式，把孩子培养成学习好、听话、懂事的乖孩子成为当下家庭教育中最普遍、最偏颇的理念，很多家长都未曾懂得"教育的本质意味着一棵树摇动一棵树，一朵云推动一朵云，一个灵魂唤醒一个灵魂"。不懂得教育最好的目的是解放孩子，解放孩子的潜质、个性和与生俱来的智慧，帮助孩子找到自己。

第三，深刻的理解和引导。当下家庭教育中最缺失的不是教育目标，而是健康的教育心理。当今中国家庭教育隐藏深远的问题是普遍焦虑——从孩子到父母到祖父母。根源在于父母秉承了传统教育中沉重悲观的思维方式，从而造成急功近利的普遍心态。同时，重养轻教、重物质轻精神、重说教轻氛围，以及传统观念中把孩子当私有财产的灰暗心态也比比皆是。于是，很多家长早已习惯于把自己和孩子的生命当作一场竞赛，从最初接受教育开始，父母都期望培养孩子能在未来具有竞争力——竞争名次靠前，竞争重点班级，竞争进入名校，竞争一份好工作，竞争出人头地。所以，人人似乎都是竞争对手。学习和生活也因此成为沉重之旅，痛苦之旅，斗争之旅。因此，如何培育健康的家庭教育心理已成当务之急：把生命看作一段旅程，把它当作永恒的学习之旅，持久的进步之旅，以及爱之旅，和他人彼此尊重，各自享受属于自己的人生之旅。

本丛书以当下家长教育孩子的现状、存在问题、实践行动为立足点，以智慧家长智慧爱为目标，分别以“给孩子正确的爱”“学习是孩子自己的责任”“注重培养孩子健全的人格”“让孩子学会独立人际交往”“孩子的行为矫正与塑造”为题，帮助家长学会正确爱孩子，学会让孩子主动且高质量地学习，学会在日常中培养孩子健全的人格，学会让孩子独立地进行人际交往，学会及时对孩子的行为进行矫正与塑造，从而给迷惘而焦虑的家长指点迷津，成为特别有爱的智慧家长。

《给孩子正确的爱——如何避开亲子之爱的六大误区》是杨敏教授关于家庭、关于孩子、关于爱与人生的又一鼎力之作。在书中，杨教授通过深入解读当下一系列亲子之爱的真实案

例，以娓娓道来的方式帮助中国父母拨开云雾，点一盏灯，引领中国父母在陪伴孩子的岁月里避开亲子之爱的六大误区——附加条件的爱、包办替代的爱、强制服从的爱、无法满足的爱、要求回报的爱、跨越界限的爱。全书30个鲜活案例，30例动人故事，30篇哲理美文，引导广大读者打开通向孩子心灵的窗，启迪爱的智慧，点亮平凡人生。

《学习是孩子自己的责任》是孙传远教授撰写的第三部家庭教育著作。在书中，孙教授从家长与孩子交往的角度入手，以书信、故事、案例分析等生动有趣的方式，从七个方面引导家长思考和行动——人为什么要学习？要把孩子培养成为什么样的人？学习需要什么样的条件？学习仅仅是掌握知识吗？用什么方法能使学习更有效？能让孩子的学习变得更快乐吗？如何教会孩子面对学习困难与挫折？带领家长和孩子一起深刻认识和领悟：学习是孩子自己的责任！同时也向读者传递家庭教育一个美好的理念："我们需要被看见，而那得是带着理解、爱和接纳的眼睛，并且看见的也是我们自身，而不是对方的想象。"

《注重培养孩子健全的人格》由心理学副教授刘玉梅和家庭教育指导师孙少华合作完成。本书以国内外的心理学研究成果为基础，探究孩子健全人格的培养路径。全书分为三篇。第一篇"破译孩子心灵成长的密码"，以埃里克森人格发展理论为基础，厘清孩子在不同年龄阶段的人格发展特点，提醒父母顺应孩子身心发展的规律与节奏，选择适合孩子的教育方式。第二篇"探寻孩子行为背后的真相"，重点分析影响孩子人格形

成与发展的各种因素，给父母的亲子教育以理性引导。第三篇“领悟开启孩子幸福人生的教育智慧”，从儿童心理学和教育心理学视角阐述培养孩子健全人格的方法，助推父母以自己全部的爱心、学识、良知、勇气去感染孩子，唤起孩子对未来生活的无限憧憬和乐观期待。作者遵循“读者中心”与“读者友好”的理念，集科学性、知识性、指导性和实用性为一体，既有生动真实的案例介绍，又有深入浅出的理论分析，表述风格兼顾通俗性与严谨性，可以让广大父母朋友们在轻松的阅读中受到启发，孩子和家庭也能受益。

《让孩子学会独立人际交往》是董丽敏副教授出版的第二部家庭教育著作。全书的写作宗旨是引导父母重视孩子的交往能力，帮助父母了解孩子在人际交往中可能出现的共性问题，协助父母更有效地指导孩子学会独立的人际交往，让每个孩子和家人、老师、同伴的关系都成为人生中最美的遇见。具体内容分三部分：和孩子一起成长——亲子交往篇，相逢是首歌——同伴交往篇，人生不能无师——师生交往篇。每篇都包括名人名言、引入、案例、案例反思、策略与建议、人生哲学六个框架。通过鲜活的日常生活案例，以通俗易懂的语言，带领家长探讨孩子成长过程中可能会遇到的种种交往问题，并提出策略与建议。

《孩子的行为矫正与塑造》由副研究员李学书完成。作者选取当下生活中的一些典型案例，在细致剖析和入微解读的基础上，以孩子行为发展为主线，以孩子成长过程中常见的诸多问题为核心，从家长教育、认知能力、情感培养、学习行为、励志行为、交往行为等六个部分娓娓道来，帮助家长科学关注孩子的身心健康，解决家长在孩子教育过程中所遇到的疑难和困惑，促进孩子全面发展。全书45个鲜活案例，22节理性妙文，带领家长一起思考和探索孩子行为矫正和塑造的一系列问题，也对家长如何从自身做起，不断提升和完善自己提供切实可行的行动策略。

苏联教育家苏霍姆林斯基曾说过："父母的爱应当是这样的：它能激起孩子对周围世界，对人所创造的一切的关心，激起他为别人服务的热情。"同时，他也曾留下过这样一句动人心扉的话："在每个孩子心中最隐秘的一角，都有一根独特的琴弦，拨动它就会发出特有的音响，要使孩子的心同我讲的话发生共鸣，我自身就需要同孩子的心弦对准音调。"相信通过这套书的阅读，能让每一位家长都在自我提升的基础上引领孩子奏响明媚的生命之歌！

"智慧父母成长课堂"丛书编委会主任　王伯军

前言

FOREWORD

美国心理学家阿尔波特有句名言："同样的火候，使黄油融化，使鸡蛋变硬。"以此来描述个体的人格特征。人格也称个性。通俗地说，人格就是让个人在不同情境中和不同时期都保持一贯的心理品质。其实，人格是一个具有丰富内涵的概念，也是一个复杂的组织或系统，它存在于（自）己而区别于（别）人，……"蕴蓄于中，形诸于外"可以作为人格的最好概括。

德国哲学家莱布尼茨说："天地间没有两片完全相同的树叶。"同理，天地间也绝没有两个完全相同的人。人与人之间的差异不仅表现在身高、体重等生理特征方面，还表现在人格特征方面。有许多调查和研究说明个人的成就与其人格特点是密切相关的。在一项对 800 名男性的追踪研究中发现，其中 160 名成就最大与 160 名成就最小的人相比，在智力方面他们没有什么差距，但人格特点方面却有很大的不同。成就大者有理想、有强烈的事业心，表现出自信、不屈不挠、谨慎认真的特点。陶行知先生提出教育要"建筑人格长城"。长城是中华民族坚挺的脊梁和绵延不断的血脉，他把人格比作长城，可见人

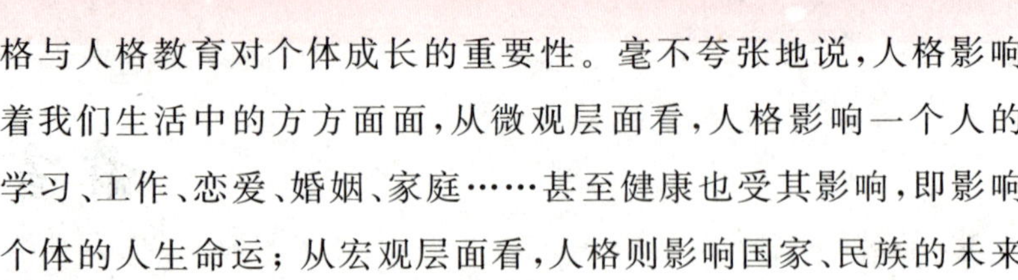

格与人格教育对个体成长的重要性。毫不夸张地说，人格影响着我们生活中的方方面面，从微观层面看，人格影响一个人的学习、工作、恋爱、婚姻、家庭……甚至健康也受其影响，即影响个体的人生命运；从宏观层面看，人格则影响国家、民族的未来和整个社会的和谐与进步。

人格是怎样形成的？心理学家们的研究结果表明，人格是在遗传与环境的交互作用下逐渐形成并发展的。本书分三篇探讨了孩子健全人格的培养路径与方法，目的在于帮助父母走进孩子的内心世界，倾听孩子的心声，用爱心、耐心和细心陪伴孩子成长，做孩子的良师益友，引导孩子拥有正确的自我意识、良好的情绪调控能力、和谐的人际关系、坚韧不拔的意志、乐观向上的生活态度等健全的人格特质，带领孩子满怀希望地迈向幸福人生。

本书充分体现了心理学理论研究与实践应用完美结合的特点，表达方式兼具学术的严谨性和内容的可读性，带给读者美好阅读体验的同时，也能帮助读者树立正确的家庭教育观念，掌握科学的培养孩子健全人格的方法，从而为孩子一生的健康成长与发展奠定坚实的基础。

本书由刘玉梅和孙少华合作完成，刘玉梅撰写第一篇、第二篇，孙少华撰写第三篇。刘玉梅负责拟定编写提纲，并对初稿进行审阅和修改。

本书是在借鉴、参考和引用国内外大量文献资料的基础上完成的，已全部列在参考文献中，在此对所有文献的作者、译者和出版者表示衷心的感谢。

由于编写人员水平有限，尽管我们努力了，但书中难免有疏漏和不足之处，欢迎并感谢广大读者不吝赐教。

刘玉梅　孙少华

相关资料

目录

CONTENTS

一、破译孩子心灵成长的密码

——不同年龄阶段孩子人格发展的特点

心理学家埃里克森认为，人格在人的一生中不断发展，据此他将人格发展过程分为相互衔接的八个阶段，并指出每个阶段都有一对危机或冲突，要想顺利进入下一个发展阶段，必须先解决好当前所面临的危机，危机的顺利解决能使人格得到健康的发展。本篇用通俗易懂的语言诠释了埃里克森人格发展理论前五个阶段(0～18 岁)的内容，目的在于帮助父母更好地了解孩子在不同年龄阶段的人格发展特点，选择适合孩子的教育方式。

1. 0～1 岁：建立信任感，克服怀疑感

“在温暖的襁褓里睡眠，只能试着动动手脚，在刚刚出生的 1～2 个月里，想要凭借自己的力量抬抬头都不可能，这样一个粉嘟嘟的小家伙还能做什么呢？他只能依赖爱他的、给予他生命的爸爸妈妈和亲人们了。”

——侯魏魏

当孩子呱呱坠地，发出第一声啼哭时，他已从漆黑但倍感舒适的子宫里降生到一个完全陌生的世界，以前通过脐带输送的丰富营养现在突然中断，原来羊水中熟悉的自由自在也被一种铅一样沉重的感觉代替。他软软地躺在床上，是那样的无助。他想喝水，但自己不能拿，想吃饭，却不知道饭在哪里；他不能表达自己，也听不懂别人说的是什么；他不能行走、奔跑，甚至无法有意识地移动自己；他不能向别人示好，不能满足别人的任何需要，而自己的需要却多得不得了，吃喝拉撒睡都是问题……人类几乎所有的能力他都不具备。此时，如果父母和亲人全心全意地哺育、照顾、呵护和陪伴他，无条件地疼爱他、保护他，为他消除一切不适感，孩子就会感到温暖和安宁。孩子在0～1岁时对周围世界和人所产生的安全感和信赖感，是其将来形成健康人格的基础，也是其以后人格良性发展的重要前提。相反，如果孩子出生后没有获得足够的关爱和敏感细致的照顾，他的安全感就会出现问题，时时担忧自己的需要得不到满足，经常感到害怕、焦虑和惶恐，容易怀疑周围的人，无法建立良好的人际关系。

宝贝，宝贝

哲学家、文学家周国平为女儿啾啾写过一本书，书名叫《宝贝，宝贝》，记录了女儿从出生到上小学前成长过程中的父爱、哲思和父女亲情。下面是描述啾啾1岁前快乐成长的两个精彩片段。

简单的幸福

早晨，啾啾醒了，屋子里响起了她的嘹亮的啼哭。她没有眼泪，只是用这信号报告她醒来的消息，召唤我们到她身边去。然后，她躺在小床上开始自己玩，可以玩很久，兴致勃勃地咿呀发声，她的声音轻柔、婉转，真像是小鸟的啁啾。

在小鸟的啁啾声中，新的幸福的一天开始了。

和孩子在一起，天天是平凡的细节，寻常的情景，在外人看来毫不足道。可是，身在其中的人，感受完全不同。

你外出归来，她急切地朝你伸手，扑到你的怀里。你抱她，她把温润的小身体紧贴你，小脑袋偎依在你的胸前。她的嘴恰好挨着了你的胳臂，就啃了起来，一边把她香喷喷的小手也塞进你的嘴里。这些算得了什么？但你就是感到幸福。

她在妈妈怀里吃奶，我叫了她一声，她立即松开乳头，回头看我，满眼含笑。然后，她吃几口奶，再回头看一看我，始终是满眼含笑。她的眼神，完全是相识，是接受和满意，是放心和信任。这些算得了什么？但你就是感到幸福。

亲情是相认

啾啾躺在小床上，我到她身边，她看见我，笑了，不出声地笑，笑得很甜。从半岁开始，她常常会这样笑，当我与她小别后又出现之时，她就用含笑的眼睛看着我，笑得那样会心，仿佛在告诉我，她知道我是谁，知道我爱她，知道我和她之间的无比亲密的关系。

有时候，我和红外出上班或办事，晚上回家，啾啾看见我们，笑得那样欢。分别了一整天，别后重逢，她真的很惊喜，是由衷的喜悦。你会感受到，在这一整天里，她不知怎样想念你呢。

那些日子里，最让我感动的是啾啾看我的神情。她眼中的会心的笑，如朵朵鲜花盛开在我的草地上，把我的心装饰成了一座春天的花园。

……

《宝贝，宝贝》不只是作者对自己做父亲经历和感受的记录，也是与天下父母们的交流。周国平先生在叙述孩子生长过程中的大量具体生动的细节时，始终贯穿着他哲学家特有的对生命、教育和爱等主题的思考。

（资料来源：周国平．宝贝，宝贝[M]．南京：江苏人民出版社，2010．引用时略作改动）

案例反思

作者在《宝贝，宝贝》开篇中诠释了书名的含义："女儿是我的宝贝……和女儿一起度过的时光，是我的生命中的宝贝。"即书名中的第一个"宝贝"是父亲对女儿的爱称；而第二个"宝贝"则囊括了生命的神奇、生命早期的精彩纷呈及陪伴生命伸展枝干、开花结果的心路历程。正如前面摘录的两段文字一样，书中记录的是父女间自然流露的感人至深的亲情和父女共同成长的点点滴滴。

人们常说父亲的爱是深沉的、严肃的、博大的，而周国平先

生展示给我们的父爱则是不同的。他的爱更温馨、更细心、更耐心。他心甘情愿地为他的宝贝付出：给她喂食，替她洗澡，擦拭她沾上的屎尿，把她抱到户外晒太阳，安慰受了惊吓哭泣着的她，紧张地陪伴着生病的她……他悉心地照顾着她，尽心地呵护着她，无微不至地关心着她。面对女儿，他庆幸，他喜乐，他感恩。

周国平对心爱的女儿说：我可以没有一切，不能没有你，宝贝。我不能没有一切，因为有了你，宝贝。这饱含深情的父爱令人动容。其实对于襁褓中的啾啾来说，父母又何尝不是她的一切呢？她用啼哭和欢笑来表达对父母的依恋。从咿呀学语到蹒跚学步，她的哪一个成长阶段父母都不能缺席，她需要时刻感觉到父母爱她、跟她在一起，这样，她才会感到安全，才会快乐地玩耍。否则，她就会通过哭闹召唤父母到她的身边去，因为父母是她绝对信任的依赖对象，能够给她牢靠稳固的安全感。

策略与建议

在父母眼中，孩子的出生就如同上天派给自己的天使。天使降临人间，能够带给一个家庭不可言喻的甜蜜、快乐与美好。爸爸妈妈之所以如此喜爱这个小宝贝，除了对这小小的人充满了无限期待外，这小小的人对爸爸妈妈绝对的依赖可能也是他受到喜爱的原因之一。正如罗伊·克里夫特在诗中所写的那样：我爱你/不光因为你的样子/还因为/和你在一起时/我的样

子……

所有人在生命的开端都是一个样：身体像毛毛虫般软弱，只能无力地躺着，无法思考，无法使用语言，无法与其他人进行交流，什么也不能做，什么也不会做，哭泣是表达需求的唯一方式。此时此刻，父母的爱就是孩子最早、最温暖、最安全、最永恒的港湾。所以，对1岁之前的孩子，父母怎么呵护都不过分，因为这个年龄段的孩子不会故意捣乱，以求得宠溺或者陪伴，他们之所以哭泣或者要求爸爸妈妈陪伴，多因环境孤单让他们产生了不适感，或者身体有了某种需求。所以，除非是他们睡眠的时候，或者想要自己待一会儿的时候（有的1岁的小家伙醒来后，会独自玩耍，并不需要爸爸妈妈等亲人的陪伴，但成人要监护醒来的孩子，以免出现摔伤等意外），其他时间爸爸妈妈等亲人应多陪伴他们。

当孩子哭闹的时候，在确认他们安全的同时，不必急急忙忙跑着去安抚他，但也不能任由他哭得撕心裂肺而不管。要告诉他爸爸妈妈在，让他听见你的声音，过一会儿再去看他，找寻他哭泣的原因，并帮他解决问题。

当然，在出生后的前几个月，孩子大部分时间都在睡觉，并不需要爸爸妈妈等亲人片刻不离地守候在他身边。但是在他有需要的时候，请爸爸妈妈等亲人一定不要缺席，同时必须努力做到让孩子相信：爸爸妈妈等亲人在他身边，他就不会挨饿，不会不舒服，即使不舒服也能很快解决，不会有危险，这样孩子才会健康地成长，慢慢地在心中建立起对成人及周围环境的信任感，并由此产生安全感——这是健康人格的核心基础。这种早期建立起信任感、安全感的孩子，容易适应环境，在进入托儿所、幼儿园时，面对新环境，不惊恐、不担忧，能很快对环境产生兴趣。如果爸爸妈妈等抚养者常以拒绝的态度或不一致的方式来照顾0～1岁的孩子，孩子就会认为这个世界是个危险的地方，到处充满不值得信赖或依靠的人，因而常常处于恐惧和忧虑之中，这样的孩子在其后的生命历程中往往会有人际交往和适应问题。

由于和谐的早期亲子关系对人一生的健康人格形成起着无可替代的作用，所以提醒年轻的爸爸妈妈，在满足孩子吃饱穿暖等生理需要的基础上，要以慈爱、温和的态度与自己的宝贝进行亲切的交流，如经常以爱抚的、愉快的情绪抱着孩子，与他说话、逗乐，对孩子主动表现出来的微笑、发出的声音及做出的动作给予积极回应等，以满足孩子的心理发展需要，使之感到愉悦。

人生哲学——鲍尔比的依恋理论

心理学研究认为，每个人都有依附于那些具有支持和保护作用的他人的需要，这种需要在生命早期尤为明显，孩子和养育者之间的情感依附被英国著名的精神病学家和心理学家约翰·鲍尔比称作依恋，鲍尔比是依恋理论的创始人。

鲍尔比的研究是从母婴分离会对儿童的心理产生影响开始的。他认为：在依恋发展过程中会逐渐形成内在的心理表征，即“内部工作模型”，具体而言，是指个体以依恋关系为基础逐渐形成的有关自身和他人的一种认知—情感性构造，主要包含两种成分：一种是关于自身的认识，另一种是关于依恋对象的认识。前者是指个体在依恋关系中获取的有关自我是否是值得爱和照料的信息；后者是指个体获得的有关照料者是否是敏感且及时可得的信息。例如，如果照料者及时发现并满足个体的需求，那么他（她）就会逐渐形成一种认为自身具有被爱的价值且他人是值得信赖的心理表征。相反，如果照料者常常表现出冷漠和拒绝，那么个体就会认为自己是不值得被爱或他人是不可靠的心理表征。

依恋行为系统是依恋理论中的重要概念。在鲍尔比看来，依恋系统在实质上是要“询问”这样一些根本性问题：我所依恋的对象在附近吗？他接受我吗？他关注我吗？如果孩子察觉这个问题的答案为“是”，则孩子会感到被爱、安全、自信，并会从事探索周围环境、与他人玩耍以及交际的行为。相反地，如果孩子察觉到这个问题的答案为“否”，则孩子会体验到焦虑，并且表现出各种依恋行为：从用眼睛搜寻到主动跟随和呼喊。这些行为会一直持续下去，直到孩子重新建立与所依恋对象的足够的身体或心理亲近水平，或者直到孩子“精疲力竭”，后者会出现在长时间的与照顾者（一般为母亲）分离的情境中。鲍尔比相信，在这种无助的情境中孩子会体验到失望和抑郁。

受鲍尔比观点的影响，到 20 世纪 80 年代中后期为止，依恋理论大多局限在儿童研究领域，直到 1987 年，人格和社会心理学家们的加入，才使得依恋的研究拓展到了成人阶段。从最新的研究成果来看，儿童期孩子身上表现出来的依恋特征，成年

以后仍然会显露出来，这些研究也支持了新弗洛伊德理论的观点：从成人的行为中能找到他童年经历的痕迹。

2. 1～3岁：萌发自主感，避免羞怯感

“小孩跨入世间，便是以这种无畏的生之勇气体现他自己。他接触世间的一切事物，他干扰外在世界的秩序，来了解周遭的世界，从而认识他自己。他不必担心摔跤，却在不断跌倒的威胁与挑战中发展脑部与智慧。跌倒是他以他的身体融进周遭世界、干扰外在事物的秩序时，必须付出的成本。但他从不计算成本，只因体验是他生命成长不可割离的血肉。”

——黄武雄

孩子刚出生时，除了一些本能的反应如疼痛、冷热、饥饿外，对这个世界一无所知。在成人的悉心哺育、照顾和爱护下，1岁左右，孩子开始摇摇晃晃地学习走路，此时他还不太会说话，他的感受只能用身体语言来表达，跌倒、疼痛、爬起……他像一个勇敢的探索者，不哭不闹，不怕受伤，不惧失败，一次次尝试着“从哪里跌倒，就从哪里爬起来”，怀着永不停息的热情一步步向前。慢慢地，孩子的脚步越来越稳，走得越来越快……

1～3岁在儿童心理学中被称为婴儿期，是孩子生长发育和心理发展的一个重要阶段，在这一时期，孩子的动作有了进一步的发展，不仅能够独立行走，有了基本的自由活动能力，而且

活动范围逐渐扩大，视野逐渐开阔，对外界事物有了强烈的好奇心和求知欲；此时孩子不仅具备了相当的观察、记忆、思维等能力，而且情绪和情感也大大丰富了；同时孩子已经能够理解和运用简单的语言来表达自己的想法和愿望，更进一步地密切了和成人的交往。对处于这一年龄阶段的孩子，父母除了给予足够的爱以外，不要过多地干扰和限制孩子，要允许孩子按自己的方式去做力所能及的事情，这样孩子将会形成自信和自主感；如果父母支配孩子的一切活动，那么孩子就会对自己应付环境的能力表示怀疑，并对自己的行为产生羞怯感，不利于其自主性的发展。

迈克尔的一天

2015 年 2 月，美国一段名为“宝宝独自在家 24 小时”的视频短片走红网络。视频时长约 12 分钟，记录了 18 个月大的男孩迈克尔在家度过的一天。

短片以迈克尔含着安抚奶嘴从摇篮里爬起开始，他起来后，先是自己脱掉睡衣，穿着尿不湿爬进浴缸放水洗澡，然后又借助椅子爬上洗漱台挤牙膏刷牙。接着，他穿好衣裤和袜子爬下楼梯，掏饼干、倒牛奶、吃东西，还打开门拿信件，并给妈妈发了封电子邮件。此外，烤面包片、喂狗、扔垃圾等行为他也是样样都行。傍晚时分，他打开衣橱，拿出睡衣换上，叼着奶嘴爬回摇篮，盖上被子进入梦乡。

该视频经转发后，引起许多中国父母的关注。大家在被萌娃吸引的同时，也有人质疑视频的真实性。对此，视频制作方工作人员克里斯缇回应称：短片中除了发邮件以外的所有动作，均由迈克尔自己在一天之内独立完成。“迈克尔能听懂父母的话，并按要求完成动作。”录制短片时，迈克尔的父母在现场说出“穿上衣服”“把它捡起来丢进垃圾桶”等动作指令，迈克尔会及时接收信息并自己完成动作。克里斯缇表示，视频是在成人监护下拍摄的，如迈克尔在浴缸洗澡和爬上洗漱台时，身边都有人看守，但该部分画面在后期制作中均经过剪辑。

（资料来源：程媛媛，林斐然，魏思佳. 小鬼当家视频走红——拍摄方：父母也在场[N]. 新京报，2015-03-26(A23). 引用时略作改动）

案例反思

虽然短片经过了后期剪辑，但一岁半的迈克尔动手能力和模仿能力确实比较强，已经超出了同龄孩子。尽管视频拍摄时有成人监护和现场指示，但孩子遵照指示独立完成动作的能力是值得称道的。试想，如果平时父母凡事帮迈克尔“包办”或过度保护限制他的一些自理行为，剥夺了他动手实践的机会，相信他不会在镜头前有那么出色的表现。

对婴儿期的个体来说，动作发展极为重要。动作的发展不仅有助于身体发展，还有助于孩子建立自尊和自信。动作发展使婴儿在与环境的互动中获取丰富的经验，感知觉更加精确，这也促进了脑和神经系统的发育。目前，不少父母过分

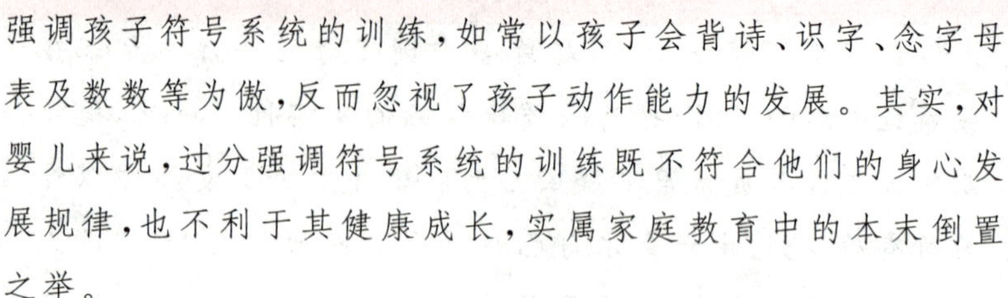

强调孩子符号系统的训练，如常以孩子会背诗、识字、念字母表及数数等为傲，反而忽视了孩子动作能力的发展。其实，对婴儿来说，过分强调符号系统的训练既不符合他们的身心发展规律，也不利于其健康成长，实属家庭教育中的本末倒置之举。

策略与建议

1 岁以后，孩子的自主性开始表现，依赖性逐渐减少，独立性日益增强，样样事情都想自己做，这是孩子自我意识萌芽和发展的关键时期，此时父母要像案例中的迈克尔父母那样，带着爱和信任放手，有意识地引导孩子做各种力所能及的生活小事，结果会发现孩子的表现其实比我们眼中的更有能力，比我们想象的更有力量！现实生活中很多父母觉得孩子试图自理的行为过于缓慢，而且常常制造麻烦，如吃饭时把饭粒撒得到处都是，倒水时把杯子打翻等，为图省事或过度保护孩子，父母就对孩子的生活大包大揽，导致孩子失去了独立探索的机会，不利于孩子自信心及自理能力的形成。那么，对于婴儿期的孩子，父母该如何教育呢？

1）尊重孩子的自主意识

在自我意识的驱使下，孩子希望摆脱父母的包办与代替，自己动手探索他们所面对的未知世界，父母要把握孩子的这一心理发展特点，充分尊重孩子的自主意识，为孩子提供独立做事的机会，让他们体验依靠自己的力量完成和解决问题的喜悦

感和自豪感，体验自我价值的实现与满足。

2）从内心深处相信孩子

很多父母认为让孩子自己做事浪费时间，有时孩子还会把事情弄得一团糟，因而就在各种活动中，事事代劳，久而久之，导致孩子的自主性越来越弱，依赖感越来越强，易形成胆小、自卑等不良性格特征。所以，为了孩子的健康成长，父母一定要信任孩子，给孩子创设动手探索的环境和条件，比如，孩子喜欢独立行走，就不要硬去搀扶他；孩子要自己洗手、洗脸、进餐、穿衣等，就让他自己来。最初，孩子会遇到一些困难，在不影响孩子情绪的前提下，父母要在旁边给予适当的指导，帮助孩子进步，使孩子感受到自己的努力是有效的，让孩子在实践中增强自信。

3）科学地运用积极评价

在整个婴儿期，孩子由于认知水平的限制，还没有独立的自我评价能力，他们对自己的评价往往只是成人评价的简单再现，而且常常都是不加考虑地轻信成人对自己的评价。因此，成人要注意恰当地使用积极评价，促进孩子自我意识的发展。积极评价包括爱抚、点头、微笑、鼓励等，评价要恰如其分，以现实为基础。这样不仅使孩子体验到快乐，而且来自成人的肯定和赞美会让孩子产生自尊、自信的情感体验，获得积极向上的动力。如果成人对婴儿的各种主动探索行为经常给予积极评价，孩子的独立精神将受到鼓舞。当孩子做事失败时，父母要赏识他敢于尝试及为此付出的努力，与孩子一起寻求克服困难的办法，帮助孩子在遇到挫折时依然保持自信。

人生哲学——第一反抗期

相信很多年轻的父母都有这样的体会，孩子到了两三岁左右就开始不听话了，比如天气凉了，父母让孩子穿外套，孩子硬是不穿；来客人了，父母让孩子有礼貌地打招呼，孩子就是不理不睬；父母领孩子散步，孩子不愿牵着大人的手，干净平坦的路不走，专踩泥蹚水……很多父母都为此头疼。其实，孩子的这种表现是非常正常的，因为他正处于人生的一个特殊时期，心理学上称此为第一反抗期。这一年龄阶段孩子的主要特点是：心理发展出现独立的萌芽，开始有了自我意识，好奇心强，喜欢自己的事情自己做，不希望别人干涉，行为一旦遭到父母的反对和制止，就容易出现说反话、顶嘴的现象，也会歇斯底里地发脾气，这是他们的愿望得不到满足的宣泄方式。

孩子的反抗期是正常的心理发展过程，意味着孩子有了独立自主的想法，表明孩子控制自己的能力增强了，这是孩子成长的标志，是可喜的进步。德国心理学家海查曾进行过对比研究，在对高反抗性和低反抗性孩子的追踪观察中，发现高反抗性一组中，84％的孩子长大以后有较强的独立分析和解决问题的能力，而低反抗性一组中，只有26％的孩子具备这种能力，大多数则遇事不能独立承担和处理，做事不果断。该研究表明，反抗期正是孩子发展判断力的良好时机，需要引起父母的高度重视。在这段时期里，父母要保持良好的心态，明确孩子爱唱反调并不是什么大毛病，更不是坏毛病，只是孩子表现自我的方式之一，也是孩子逐步建立自信和发展独立能力的心理动力。面对孩子的反抗行为，父母既不能一味地满足，也不能过多地限制。一味地满足容易造成孩子任性和执拗；过多地限制则会挫伤孩子的自尊心，从而变得顺从和依赖。在孩子成长的这一特殊阶段，父母要适度地允许孩子"反抗"，对孩子表现出的"我自己吃""我自己穿""我自己拿"等意愿，应给予鼓励并细心引导孩子"自己的事情自己做"，以促进孩子自我意识的形成和动作能力的发展，使"反抗期"变为"自立期"。

3. 3～6岁：获得主动感，减少内疚感

"小孩子生来是好动的，是以游戏为生命的。"

——陈鹤琴

游戏是幼儿快乐的源泉。我们经常看到学龄前的孩子在游乐园里疯狂地追着、跑着、跳着，欢笑声不绝于耳；我们也经常看到学龄前的孩子在家里扮演着妈妈，穿着高跟鞋、抱着宝宝去做客，体验一回做大人的滋味；我们还经常看到在幼儿园的建构区，孩子认真、仔细地用雪花片搭建一座理想中的摩天轮……这些都是学龄前儿童的游戏。在这些游戏中，有嬉闹的嘈杂，也有思索的宁静；有与人之间的交流，也有对物的探究。我国著名幼儿教育专家陈鹤琴把游戏视为幼儿的生命，他认为游戏可以带给孩子快乐、经验、学识、思想和健康，具有重要的教育价值，应该成为幼儿教育的主要方式。

案例

滚铁桶的游戏

有一个孩子在院子里滚一个破铁桶，兴致盎然，不肯停歇。铁桶滚动的响声十分讨厌，吵得周围人无法休息、工作。然而不管别人怎么说，他就是不听。有位老人走了过去，悄悄告诉他，你干得不错，这次你滚一个来回我给你一块钱。孩子简直不相信自己的耳朵。当他完成之后，老人果真给了他一元钱。然后又对他说，你再滚一次我给你五毛钱，孩子还是很高兴，没想到自己这么容易就得到了报酬，又玩了一次，老人给了他五毛钱。这次老人说，我只有一毛钱了，你再玩一次就给你。孩子听了有点不乐意，但想想还有一毛钱，勉强又重复了一次。最后老人说：我没钱了，你再玩一次好吗？孩子兴趣全无地扔下铁桶走了。

案例反思

孩子之所以乐此不疲地滚一个破铁桶，是因为他觉得“好玩”。“好玩”意味着这个游戏给他带来了积极的情感体验，让他感到快乐。因此，尽管人们多次提醒这个孩子，铁桶滚动的响声实在太吵了，他却一直置若罔闻，依然投入其中，直到老人额外奖励的介入，才使孩子停止了游戏。

为什么众人劝说无效的事情很快就得到了解决呢？原因就在于案例中的那个孩子刚开始滚铁桶时完全是出于兴趣，就是玩，就是自得其乐。但是老人巧妙地为孩子的活动设置了目的，当孩子为了某种外部报酬而活动时，他的游戏也就停止了。因为这时他的目的不再是寻找快乐，而是为了获得那些报酬。当没有外部报酬时，他对滚铁桶自然失去了原来的热情。

老人是智慧的，他明白对于孩子来说，无拘无束地游戏可以让他体验到自由自在的快乐，成人对游戏过多地干预将使孩子在游戏中的自由受到威胁，破坏游戏的正常进行，这样游戏便被自然而然地终止。因为在孩子没有兴趣的情况下所从事的活动，已经不是真正意义上的游戏了，孩子会感到索然无味，很快就选择放弃这个游戏。

案例中孩子在玩游戏时发出扰民的声音确实需要监护人或其他成年人适时地制止，但从孩子聚精会神、不肯停歇的行为表现来看，他确实是在滚铁桶的过程中体验到了别样的乐趣，也许对游戏的投入让他根本没有觉察到令成人十分讨厌的响声，因为他把所有的注意力都集中在游戏上了。

为什么孩子会对游戏如此着迷？这与孩子的身心发展特点密切相关。3～6岁的幼儿，身体更为灵巧，语言更为精练，口语表达能力增强，思维特别是表象性思维发展迅速，想象力极为生动丰富，并已萌发了创造性思维，能对未来有所规划。他们倾向于通过自己的想象去解释周围的世界和模仿成人的社会性行为活动，以此来塑造自己的人格。在游戏中，幼儿想象游戏情节，扮演游戏角色，制作游戏道具，把对外界事物的认知投射其中，倾注自己的整个心思。由于游戏是幼儿主动参与的伴有愉悦体验的活动，它既不像劳动那样要求创造财富，又不

像学习那样具有强制的义务性，因而深受幼儿的喜爱。

研究表明：游戏最符合幼儿的心理特点、认知水平和活动能力，能最有效地满足幼儿的需要，促进幼儿的发展。由此，笔者真诚地希望那些过早让孩子坐在书桌前进行读、写、算学习的成人，把游戏时间还给孩子，让孩子在游戏的天地里自由生长。

策略与建议

游戏，对于孩子究竟意味着什么？恐怕很多爸爸妈妈都没有仔细研究过。其实，游戏不仅是幼儿最基本的活动，而且与幼儿的发展息息相关。那么游戏对幼儿的发展，到底起到哪些作用呢？用一句话就可以概括，游戏促进幼儿的全面发展。

1）游戏能增强幼儿体质

在户外游戏时，孩子常常要借助各种动作来完成游戏，如追逐、奔跑、跳跃、攀爬等，这有利于他们骨骼、肌肉的生长，可以增强心肺等器官的功能，能够改善血液循环系统、呼吸系统和消化系统的机能状况，有助于加速新陈代谢。孩子在游戏中既锻炼了身体，又提高了抗病能力。

2）游戏能培养幼儿良好的个性品质

富有情趣的游戏对幼儿具有很大的诱惑力，为了参与游戏，游戏时幼儿必须遵守游戏规则，学会控制自己的情绪和行为，学会自己解决人际矛盾，学会平等待人等。同时，在游戏中，每个幼儿自然地更换角色，也会自然地产生“领袖”，自然地淘汰“领袖”。因此幼儿必须克服任性、自私和自我中心等坏毛病，学会团结与协作、牺牲与分享、援助与服从、理解与宽容等，形成有益的自律行为、责任感和集体意识，有助于促进幼儿良好个性品质的发展。

3）游戏能开发幼儿智力

游戏中有情节、动作、玩具和游戏材料，符合幼儿认知的特点，能够唤起幼儿的兴趣和注意力，激发幼儿积极的感知、观察、记忆、思维和想象等，在轻松愉快的氛围中实现幼儿智力的发展。

虽然游戏在幼儿的发展中有着如此重要的作用，但在现实家庭教育中却常常受到忽视，很多父母认为“游戏就是浪费时间”，不如让幼儿早些学习识字、背诗、弹琴、绘画等内容更有利于他们未来的发展，于是人为地压缩幼儿的游戏时间，强行送孩子参加各种早教培训班，“超前教育”的结果让孩子不堪重负，不仅难出成绩，而且由于根基不稳，还会缺乏发展后劲。因此，作为父母，要立足于孩子的终身发展，有计划地把游戏作为对孩子进行早期教育的重要手段。家庭中幼儿游戏有效开展的策略主要包括：①父母要明确游戏对幼儿发展的价值，给幼儿提供多种多样的玩具和充分的游戏空间。②父母要有意识地丰富幼儿的生活经验，经常带幼儿外出参观、郊游，使幼儿有更多的机会了解自然与社会，认识人与人之间的关系，为今后更好地开展游戏奠定良好的基础。③父母要积极参与幼儿的游戏。虽然在游戏的世界中，孩子才是主角，但爸爸妈妈全身心地投入与陪伴，也是游戏中很重要的一部分。因为父母心无

杂念地陪孩子玩游戏，不仅能够带给孩子充分的安全感和亲密感，而且可以使父母转变角色，蹲下身子，从孩子的角度去看待问题，了解孩子的感受，走进孩子的内心，赢得孩子的信任，从而真正做到为孩子的健康成长保驾护航。

人生哲学——福禄贝尔的幼儿游戏观

福禄贝尔是教育史上第一个承认游戏的教育价值，并系统地将游戏活动列入幼儿教育历程中的教育家，被世人誉为“幼儿教育之父”。福禄贝尔把游戏的教育价值提高到了前所未有的地位，在他看来，“儿童早期的各种游戏，是一切未来生活的胚芽，因为整个人的最纯洁的素质和最内在的思想就是在游戏中得到发展和表现的。人的整个未来生活，直到他将要重新离开人间的时刻，其根源全在于这一生命阶段。”基于此，在他所创办的世界上第一个幼儿园里，他创立了一整套幼儿游戏理论和相应的玩具(“恩物”)，并在孩子们身上得以实践。恩物就是福禄贝尔为幼儿设计的游戏活动材料，其意是“神恩赐给孩子的玩具”，恩物用简易的物体制成，是幼儿了解自然、认识世界、获得自由发展的工具。福禄贝尔强调游戏在学前教育体系中占有独特的地位，他认为游戏是组成幼儿生活的重要因素，也是主要的幼儿教育手段。他劝告成人要允许幼儿自由地、尽情地游戏，不可以随意干涉和破坏。同时要求成人要关注和指导幼儿的游戏。福禄贝尔的幼儿游戏观犹如一盏明灯，照亮着自19世纪以来世界幼儿教育前行的步伐，直至今天，依然在幼儿教育领域里熠熠闪光。

4. 6～12岁：产生勤奋感，战胜自卑感

“童年乃是人生的重要阶段。人的品性在童年开始形成。我们长大后成为什么样的人，取决于童年时的所学与所为。”

——夏巴尼

童年的天空，是用希望铺成的一方缤纷的梦想；童年的画卷，是用好奇绘成的一幅神秘的向往；童年的生活，是用憧憬写成的一首完美的诗歌。天真烂漫的童年是那样的无忧无虑，欢聚的小伙伴们，在风中奔跑，在雨中嬉闹，听鸟儿欢唱，看柳枝飘荡……可是今天，这样令人神往的“童年”却渐行渐远，正从孩子们身边消失。因为现在的许多父母都太着急，没有心情也没有耐心等待孩子成长，他们往往用自己过高的期望来干预孩子的自然发展，不顾孩子本身的实际情况强行规划孩子的人生，让孩子过早地背上竞争的压力，体悟成年世界的残酷。9岁的小男孩吴耀杰在歌曲《我只是个孩子》中吐露了自己不堪重负的心声，令不少家长陷入深思。歌中唱道：“我想告诉大家/每一个孩子都是独一无二的/隔壁邻居小明期末又考了第一/王大妈的孙女钢琴过了十级/我爸战友的儿子一口流利的英语/我妈同事的女儿有深厚的舞蹈功底/听到这些消息/我只能默默不语……”

正如夏巴尼所说的那样，童年确实是人生中可塑性非常强的一个阶段，在这一阶段的所学与所为，留下的印记往往会伴随人的一生。但就像吴耀杰小朋友歌曲中所唱的那样，每个孩子都是独立的个体，有着自己独特的天赋、特点和梦想，因此，作为父母不可凭自己的主观愿望去“塑造”孩子，更不能违背孩子的意愿妄加安排和设计他的人生，而是要尊重孩子的个体差异，用欣赏的眼光看待孩子，适度地放手，让孩子做自己的鼓手，去掌握人生的节拍，击打或精彩或惊喜的鼓点，使孩子成为那个最理想的自己。

案例

童年是一个人的根

提到朱德庸，很多人都知道这位来自宝岛台湾的著名漫画家。他的作品《双响炮》《涩女郎》等影响极大，并被制作成同名电视剧，受到很多人的喜欢。

对绘画的热爱始于朱德庸的童年，儿时的他因为学习成绩不好，经常受到老师的批评和同学的排挤，让他很是自卑，而画画是他最快乐的事情，也是他摆脱心理阴影的灵丹妙药，他用漫画对伤害过他的人进行“复仇”。

小时候的朱德庸因为学习障碍而备受冷落，大家都认为他是一个非常愚钝的孩子，只有他的爸爸对他比较温和，面对他糟糕的学习成绩，不仅没有失望，反而总是提前为他钉好绘画的本子默默地支持他。爸爸在带他参观动物园时，告诉他狮子、老虎、大象、猴子各有本领，每个人也一样，都有各自的天分，让他不要轻易改变自己的样子。

成年后的朱德庸坦言，在童年时代，周围的人总是用一种使他内疚的方式教育他，让他一直认为自己非常笨。长大后才知道这不是笨，而是患有亚斯伯格症，这是一种没有智能障碍的自闭症，因为社交困难及兴趣狭窄直接导致他的学业受挫。他在接受记者采访时说："读书时父母为我伤透了脑筋，也吃了很多苦头，他们动不动就被老师叫到学校去，听老师训话，还时常要带着我到各个学校去看人家的脸色，求人家收留我。但他们从不给我压力，一直听任我自由发展。"正是由于家人的宽容和帮助，才使小时候的朱德庸能够一直坚持画下去。也正因为儿时这份执着的坚持，才造就了现在的他。

今天的朱德庸对自己童年的辛酸往事早已释然，但不能释怀的是现在还有很多孩子仍像过去的自己一样，在成人为他们越俎代庖设计的成长道路上辛苦疾行。如何帮助孩子们走过这个艰难阶段呢？朱德庸通过《绝对小孩》《绝对小孩 2》和《绝对小孩 3》三部作品，以辛辣而不失温情的幽默、谐趣可爱的故事和出人意料的对白展现了小孩眼中的世界，用孩子天真、纯粹的视角看待时间和空间的变化，直视墨守成规且毫无新意的成人生活，在孩童的无邪无忧下，探讨成人焦灼无趣的根源起由，希望以此让成年人反思教养问题，理解孩童世界的纯真、顽皮与任性，能够用单纯的方式在这个急速变化的时代里陪着孩子一起追逐他的梦想，一起快乐地慢慢向前走。

2018年六一儿童节前夕，朱德庸送给了孩子们几句话：“珍惜你的童年，保护你的童年，童年是一辈子的童年，而不只是短短的童年。”同时，他也谈到了成年人该怎样保护孩子的童年及童年在人生当中的重要作用：“现在有很多人都觉得小孩子不懂事，但是我认为，我们应该给小孩子一个健康生活的环境，好让他们在自己的世界里慢慢地长大。因为小孩子的世界里永远有无穷的想象力和创造力，在未来的时代里，我们需要的正是这种想象力与创造力。如果我们的孩子没有了想象力，我们的孩子就已经从这个时代出局了。”谈及童年，年过半百的朱德庸总是无限感慨，他认为：那些儿时曾困惑他的缺陷，现在仍然在那里，而儿时的兴趣，也仍然在那里。每当他的人生遇到一些困惑及彷徨时，他就会乘着脑中的时光机器回到自己的童年，童年给了他方向。那个方向也许不符合社会价值观或众人的期望，但却符合他自己内心的感觉，那种感觉就是一种快乐和知足。在朱德庸的心目中，童年是一个人的根！

案例反思

小时候的朱德庸因为患有亚斯伯格症，在学习和社交方面遇到了许多障碍和困难，老师对他没有信心，同学也不愿意跟他交往，使他成为特别孤独、只能沉浸在幻想中的孩子。他感觉对外面的世界无能为力，只能待在自己的一方天地里。他喜欢绘画，绘画给他带来了无穷的乐趣，也是帮助他拂去心灵尘埃的唯一良方。无论他人如何不接纳朱德庸，令人欣慰的是，他的父母从没逼迫他“赢在起跑线上”，而是尊重他的天性和兴趣，让他无忧无虑地在绘画的海洋中遨游。父母智慧的家庭教育方式，最大限度地激发了朱德庸的潜能，使他在绘画领域取得了突出的成就。

其实，父母并不知道朱德庸是亚斯伯格症患者，他们只是觉得用会不会飞翔来衡量一条鱼的本领既不公平，也会令鱼感到绝望。如果自己的孩子是“鱼”，那么父母就不要留恋天空，海洋才是最适合孩子成长的地方。所以，虽然直到53岁，朱德庸才了解了自己患有亚斯伯格症，但他的父母一直按照“鱼”的教养方式与他互动，从未奢望他能成为在天空中飞翔的“鸟”。尽管许多人以“鸟”的本领来评价他，令他极度自卑，然而，最让人庆幸的是在父母的帮助和他自己的坚持下，他始终保留了“鱼”的天性，并成为一条快乐的“鱼”。

朱德庸的成长经历告诉我们：每个孩子的特点与天分不尽相同，教育的作用就是尊重孩子生命个体的独特性与唯一性，让每个孩子成为最好的自己。

策略与建议

童年是一支歌，跳跃着美妙的音符；童年是一首诗，充满了幻想和憧憬；童年是一幅画，描绘出五彩缤纷的世界。童年是多么的美好，有阳光和花朵相伴；更有大把的时间在书林中漫步，在学海中遨游，在操场上奔跑，在草地上游戏……一切都是那样的自由自在、无拘无束。可以说,快乐是童年永恒的话题。然而当我们把目光投向身边的孩子时,却惊讶地发现:现在的孩子已没有童年,学习、考试、上各类辅导班(竞赛班、培训班、考级班等)、择校、升学等正无休止地包围着孩子,使他们在童年就过早地体验了激烈而残酷的竞争,提前步入了成人的世界。

在现代快节奏的社会背景下,人们越来越急躁,“不要让孩子输在起跑线上”这一明显透着浓浓金钱味的商业广告口号,就像一个巨大的幽灵,游荡在神州大地,引诱着不知所措的父母飞蛾扑火般地栽入其中,不仅义无反顾地掏出自己的积蓄,还无怨无悔地耗费大量时间、精力和心血,辛辛苦苦地陪伴孩子穿梭在各种教育机构之间,可怜的孩子在父母焦灼而期待的目光注视下,只能收起童心,规范地坐在课桌前。这种拔苗助长的教育,其结果往往适得其反,不仅无法让孩子成长得更快,反而会过早地剪断孩子飞翔的翅膀,扼杀孩子的兴趣,摧毁孩子的好奇心和求知欲,成为孩子一生的痛。

随着对儿童发展研究的深入,人们开始对儿童有了更清晰的理解和认识,并形成了现代社会的儿童观,主要包括以下几点:第一,儿童既不是一个缩小了的成人,也不是无知无能,更不是一块白板,而是一个具有巨大发展潜能的独立的个体。第二,儿童发展是遗传与环境相互作用的结果,对儿童的教育要结合其自身特点进行,即要遵循儿童的身心发展特点和规律,做到因材施教。第三,儿童是一个有着主观能动性的社会个体,其发展是在社会化过程中通过积极能动的方式与他人、与环境互动的结果。也许朱德庸的父母没有系统学习过儿童心理学，但他们却拥有正确的儿童观。他们明白：过高的期待，带来孩子的无望；过频的干预，带来孩子的无奈；过多的指责，带来孩子的无措。因此，他们选择了最适合自己孩子的教育方式：顺应孩子身心自然发展的规律，尊重孩子的实际水平，多给孩子一些时间与空间，让孩子能够依照自己的节奏成长。朱德庸父母的教育理念引人深思，值得借鉴。

人生哲学——别让孩子伤在童年

孩子犹如一颗种子，这颗种子生来自带属性，决定了自己是一颗苹果种子还是鸭梨种子，父母则像园丁，需要为这颗种子创设一个良好的生长环境，并为它培土、施肥、浇水、除草、捉虫……如果这一切父母做得很好，那么这颗种子就会茁壮成长。

但令人遗憾的是，很多父母并不是合格的园丁，他们既不认识这颗种子，也没有耐心观察和研究这颗种子的长势，而是误把苹果种子当成了鸭梨种子，或者管它是什么种子，干脆一律按水蜜桃培养，因为其他父母都在种水蜜桃，自己也要跟上潮流，不能落后。结果，当这颗种子按照其本来的属性自然生长时，因为不是父母期望中的样子，便被不停地修枝剪叶。最终，当这颗种子带着满身的伤痕在痛苦中顽强地长大时，已经变得奇形怪状，既没长成园丁期待的样子，也失去了自己的本来面目。如果用这样的方式培养孩子，父母会失望，孩子也不快乐。

为了不让孩子伤在未来，请一定别让孩子伤在童年，因为童年时播下的种子，决定着青年时开什么样的花，成年后收获什么样的果。

5. 12～18岁：形成自我认同感，防止角色混乱

“青春期是一朵云、一行诗，是一生中最美好的、充满诗意的时期，还是一场疾风、一团烈火，是最麻烦的、动荡不安的时期？要了解如此矛盾的青春期，需要找到解读青春期的关键密码。”

——边玉芳

处于青春期的孩子，生命如最纯净的钻石一般光彩四溢。含苞欲放的花蕾，无牵无挂的飞鸟，甜蜜迷人的音乐，辉煌亮丽的朝阳，人们用尽一切华美的辞章，也形容不出花季中少男少女的魅力。这样年轻，这样美好，真想象不出他们还有什么烦恼。但父母们却分明看到了他们稚气的面孔流露出的迷茫和困惑。奥地利心理学家阿德勒认为，青春期是一个不能使人格发生整体性改变的“危险期”，美国心理学家霍尔则将其比喻为人生航程中不可避免的“疾风怒涛”般动荡不安的时期。在这个从童年期向青年期发展的过渡阶段，如果父母能够从从容容地对待孩子身体形态和心理世界的变化，关心、理解、尊重、信任孩子，一切都可以用“有惊无险”来加以概括。

案例

文身少年之痛

2018年6月1日，中央电视台《今日说法》栏目报道了一个未成年人文身的案件，题目叫“文身少年之痛”，主要内容如下。

2017年秋季开学的第一天，家住浙江省江山市的徐先生心急如焚，儿子涛涛(化名)本应当和其他孩子一样迎接新学期，却因文身被学校通知暂时休学，并被建议“对全身文身进行清洗，如未对全身文身进行清洗，需清洗至身体外露部位不再有明显文身时方可继续上学”。休学时的涛涛还未满14岁。

一个未成年孩子怎么会有满身的文身？这要从涛涛上初中开始说起。自从上初中之后，原本听话懂事的涛涛想要“开阔眼界”，于是认识了一些比自己年长的人，这些人大多已经辍学。在此期间，涛涛第一次接触了古惑仔电影，当时心智尚未成熟的他觉得这些打打杀杀的画面十分新奇，便萌生了模仿耍酷的念头。很快，涛涛的小心思便被同伴猜到了，他们劝说涛涛也去文个身。

虽然做古惑仔很酷，但由于害怕被父母发现，涛涛第一次文身时只选择了一个鬼面图案文在右臂。一天，母亲偶然发现了儿子的文身并耐心相劝，而暴怒之下的父亲则用拳头教训了他。接着，父亲又和他一起去了文身店，提醒老

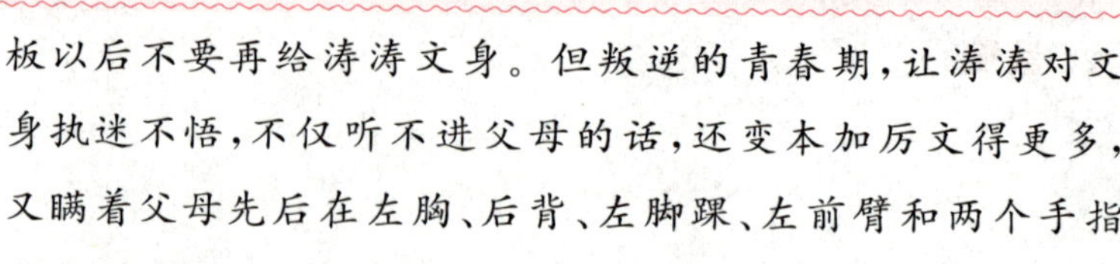

板以后不要再给涛涛文身。但叛逆的青春期，让涛涛对文身执迷不悟，不仅听不进父母的话，还变本加厉文得更多，又瞒着父母先后在左胸、后背、左脚踝、左前臂和两个手指文了图案。

涛涛休学后，徐先生夫妇带着孩子辗转于北京、上海等地的医院。得到的答复都是一处文身至少需要七八次才能清除干净，由于文身清洗需要等新皮肤长好，所以一处文身进行彻底清洗的周期为2～3年。清洗过程的痛苦让涛涛刻骨铭心，也为自己的年少叛逆后悔不已。徐先生夫妇担心儿子的学业受到影响，与学校商讨变通办法，给孩子做了长臂手套遮住文身，学校因此答应让涛涛复学。

最后，涛涛的父母将文身店老板告上了法庭……

案例反思

十几岁的涛涛因为追求“酷”而文身，左胸一条龙，右臂长“鬼面”，背上有麒麟……他第一次文身主要是受电影《古惑仔》的影响和同伴的怂恿，后来在父母发现并明确要求不能再文身的情况下，又一而再、再而三地重蹈覆辙，这既与涛涛进入青春期后的逆反心理有关，也与他不知道文身的危害有关。

假如时间可以倒流，当父母第一次发现涛涛的文身时，不是居高临下地劝阻和不由分说地拳脚相加，而是以一种朋友的身份去跟孩子交流，在认真倾听孩子想法的同时，心平气和地表达自己的感受和经验，以中立的态度与孩子一起分析他文身

时可能没有考虑到的不良后果，例如：

(1) 皮肤是人体的第一道防线，能抵御外界机械性、物理性、化学性刺激的伤害和病原微生物的侵袭，对于人类的健康有重要作用，文身会破坏这道防线，使人体抵御各种刺激的能力下降，特别是容易招致细菌感染。

(2) 文身专用的颜料含铅、铬等重金属及其他化合物，这些有色化学合成物质进入人体内会引起皮炎、过敏等问题，有的还会导致细胞突变，这是产生癌症的前奏。

(3) 文身会对目前的求学和将来的就业造成很多不便，裸露的文身对校容校貌有较大影响，可能因此面临休学或长大以后不能从事自己心仪的职业。

(4) 文身之后是极难清除的，目前尚未研究出一种特效药物能将其褪掉，清洗文身的过程漫长而又痛苦。

试想，如果父母不是简单粗暴地禁止，而是尊重孩子的感受，接受孩子不成熟的表现，以朋友式的语言给孩子合理的解释和建议，引导孩子真正理解文身的危害，在这样的互动方式下，相信涛涛不会一意孤行的。

时光倒流的确是一件美好的事情，但在现实中却永远都不会发生。文身清洗过程让涛涛痛苦不堪，终生难忘，他为自己的年少叛逆和任性后悔不已。然而这就是青春期的曲折，尽管有迷茫，但如果家庭、学校和社会能够通力合作，破译青春期孩子心理成长的密码，把他们带进充满生命力和点燃着光明的世界，那么总有一天孩子会破茧成蝶。

策略与建议

青春期是指孩子从童年期向青年期过渡的时期。进入青春期后，孩子的身心都会经历“暴风骤雨”般的变化。此时，他们既非大人，又非儿童，原来的孩童世界已被打破，但新的成人世界又尚未建立。因此，他们的内心充满了矛盾和冲突，呈现出一些独有的心理特征，例如，独立性增强，一方面不再被动地听从父母的教诲和安排，而另一方面却依然离不开别人的认同；情绪两极化，既会为一时的成功而激动不已，又会为小小的失意而抑郁消沉；心理“闭锁”，告别了“不识愁滋味”的童年时代，进入了拥有小秘密的“多事之秋”；行为易冲动，青春期孩子大脑中负责控制感情和冲动的神经尚未发育成熟，导致他们行事草率，不考虑后果。案例中的涛涛“原本听话懂事”，上初中后，开始用自己的眼睛看世界，用自己的标准衡量是非曲直，这种从被动到主动，从依赖到独立的转变，正是这一阶段孩子成长的必由之路。

其实，进入青春期的孩子，对自己出现的一系列身心变化是始料不及的，此时他们特别需要父母的理解和接纳。作为父母，千万不要看到孩子的某些变化或发现孩子的反常行为就惊慌失措，甚至训斥打骂。因为父母的过度反应，会进一步加剧孩子的叛逆心理，导致适得其反的教育效果。

青春期的孩子需要友谊型的父母。在这个由不成熟向成熟过渡的时期，如果孩子走在方向正确的道路上，父母就该以生命传递者的心情乐观其成；若孩子出现了“问题”，父母就该立即赶过去，用积极的态度、科学的知识、正确的方法引导孩

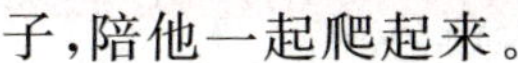

子，陪他一起爬起来。

如果案例中的涛涛父母，最初发现孩子的文身时，没有采用命令式的单向教育，而是保持平和的心态，与孩子一起进行探讨式的交流，也许结果就不会那么糟。例如，你当时怎么想到要文身的？（表达关心孩子）；文身后你有什么感觉？（倾听孩子的心声）；现在你怎么看待文身这件事情？（让孩子独立思考）；你了解过文身有什么危害吗？（让孩子反思）。只有以“平等”和“尊重”为前提的交流，才能取得孩子的信任，真正走进孩子的内心世界，成为孩子的良师益友，引导孩子充满希望地奔向未来。

人生哲学——自我同一性理论

著名心理学家埃里克森认为，青春期的核心发展任务就是建立自我同一性。自我同一性是青少年探寻自己和他人的差别、认识自身、明确自己更适合哪种社会角色的过程。简单来说，就是一个人对“我是谁”“我会成为什么样的人”“我如何适应社会”等问题具有连贯统一的认识。

自我同一性的确立意味着个体对自身有充分的了解，能够将自我的过去、现在和将来组合成一个有机的整体，确立自己的理想与价值观念，并对未来自我的发展作出自己的思考。如果青少年不能达到自我同一性的确立，就有可能引起同一性扩散或消极同一性发展。同一性扩散是指个体无法“发现自己”，也不知道自己究竟是什么样的人和想要成为什么样的人。消极同一性是指个体形成与社会要求相背离的同一性，形成了社会不予承认的、反社会的或社会不能接纳的角色。

青少年的自我同一性状态与父母的教养方式有关。研究表明，来自温暖、不过分压制和不过分溺爱家庭的青少年其同一性的发展是健康的。因为在这样的家庭环境中，父母与子女之间有开放的交流和民主的气氛，双方能够顺畅地表达自己的不同观点，父母会及时鼓励孩子的自主精神和行为，乐于跟孩子共同探讨其成长中遇到的问题，与孩子一起协商解决办法，这有利于青少年正确认识自我，对有关自我的发展进行思索，自主地选择自我的发展道路。相反，父母对子女过于溺爱或滥用权威，都不利于青少年自我同一性的形成。过于溺爱的父母事事都替子女做出安排，不给孩子进行自我探索的机会，孩子看似"无忧无虑"，但通常自尊较低，对"我是谁"等问题缺乏深度的探索，也没有明确的答案，可能会长期处于同一性扩散状态；而过于严厉的父母可能会使孩子屈从自己的意愿，这种孩子非常听父母的话，不叛逆，但他们的依赖性较强，容易盲从和服从权威，因此当遇到挫折时，容易丧失目标和信心，应对挑战的能力相对较差。所以说，青春期孩子太听话不是一件好事。

二、探寻孩子行为背后的真相

——影响孩子人格发展的因素

人格是怎样形成的？究竟哪些因素会影响人格的形成与发展——遗传、环境，还是其他因素？目前心理学家的共识是：一些与个人身体或生理有密切关系的人格特质，如情绪、气质、容貌方面的自我概念等，受遗传影响较大；而另一些较为复杂的人格特质，如兴趣、态度、价值观、性格等受环境的影响较大。也就是说，个体的人格是在遗传与环境的交互作用下逐渐形成的。本篇主要探讨影响孩子人格发展的因素，旨在提醒父母读懂孩子行为背后的真相，为孩子的健康成长保驾护航。

1. 遗传和气质：顺应孩子的天性

"一个细胞，就是一颗奇异的种子；
长出一株植物，一只动物，或者一个灵魂；
按其本性，永久不息……"

——威廉·埃勒里·伦纳德

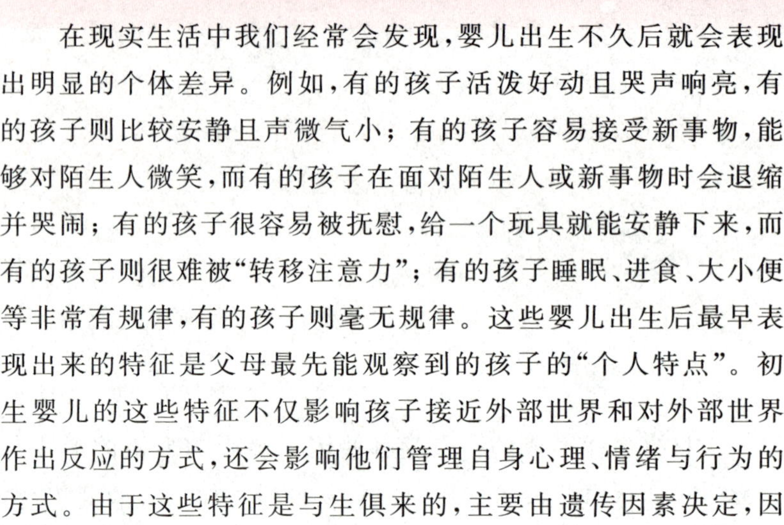

在现实生活中我们经常会发现，婴儿出生不久后就会表现出明显的个体差异。例如，有的孩子活泼好动且哭声响亮，有的孩子则比较安静且声微气小；有的孩子容易接受新事物，能够对陌生人微笑，而有的孩子在面对陌生人或新事物时会退缩并哭闹；有的孩子很容易被抚慰，给一个玩具就能安静下来，而有的孩子则很难被“转移注意力”；有的孩子睡眠、进食、大小便等非常有规律，有的孩子则毫无规律。这些婴儿出生后最早表现出来的特征是父母最先能观察到的孩子的“个人特点”。初生婴儿的这些特征不仅影响孩子接近外部世界和对外部世界作出反应的方式，还会影响他们管理自身心理、情绪与行为的方式。由于这些特征是与生俱来的，主要由遗传因素决定，因此，它具有稳定性，俗话说的“禀性难移”就是指个体这种先天的行为模式不易改变。

心理学中用“气质”来描述这些个体的反应模式差异。当然，心理学中所说的“气质”与一般日常用语中所说的“气质”不同。心理学上所讲的气质是指一个人典型的和稳定的心理活动的动力特征，它与个体行为模式相联系，不以个体活动的内容、目的和动机为转移，与人们通常所说的“脾气”意思相近。气质依赖于人的先天神经生理特点，与遗传相关。气质使人的心理和行为带有个人色彩，形成了独特的个人风格。

案例

双胞胎姐妹的差异

芳芳和娟娟是一对双胞胎，出生后不久父母就发现她俩非常不同。姐姐芳芳情绪一般比较愉快，很少哭闹，即使偶尔有啼哭的时候，抱抱她或给她一个玩具稍微安抚一下就不哭了，遇到陌生人逗她，她会作出友好和接受的表示，对新食物及新环境适应很快；妹妹娟娟则经常表现出负性情绪，动不动就大哭不停，好像总是不高兴，拥抱及玩具也很难让她快乐起来，她害怕接触陌生人，对温度、声音和灯光的变化非常敏感，吃的奶粉换个品牌也会哭闹。

案例反思

托马斯、切斯等人在对婴儿进行大量追踪研究的基础上，将婴儿的气质类型划分为以下三种。

1）容易型

40%的婴儿属于容易型。这类婴儿的吃、喝、睡等生理机能有规律，节奏明显，容易适应新环境，也容易接受新事物和陌生人，情绪一般积极愉快，爱玩儿，对成人的交往行为反应积极，因而容易受到成人最大的关怀和喜爱。

2）困难型

10%的婴儿属于困难型。他们的突出特点是时常大声哭闹，烦躁易怒，爱发脾气。在饮食、睡眠等生理机能活动方面缺乏规律性，对新事物、新食物、新环境接受很慢。由于他们的情绪总是不好，成人需要花费很大的力气才能使他们接受抚爱，同时又很难得到他们的正面反馈，因此需要成人具有极大的耐心和宽容。

3）缓慢型

缓慢型儿童的行为表现居于上述两种类型之间，属于慢性子的人。他们对环境的变化不易适应，在陌生人或新事物面前比较退缩，不容易兴奋，对环境刺激的反应比较温和；心境比较消极，不是很快乐。这类孩子约占15%。

另有35%的孩子不属于上述三种类型中的任何一类。他们表现出独特的混合型气质特征。

按照托马斯、切斯等人的气质类型划分标准可知，案例中姐姐芳芳属于容易型，妹妹娟娟属于困难型。如果你是芳芳和娟娟的父母，你会怎样对待这两个孩子？你需要对她们采取不同的教养方式吗？答案显而易见，一把钥匙开一把锁，针对孩子的个别差异，父母要从实际出发，选择最适合孩子气质特点的教养方式，使每个孩子都能扬长避短，获得最佳发展。

策略与建议

芳芳和娟娟这对双胞胎姐妹的差异告诉我们：就个体而言，每个人都是最独特的。莱布尼茨说："天地间没有两片完全相同的树叶"，世界上也绝没有两个完全相同的人。既然每个孩子都是带着独特的气质来到这个世界的，那么，作为父母、教师及一切成人就必须真正从内心深处珍视孩子的独一无二，无论面对的孩子是困难型、缓慢型还是容易型，都要无条件地爱与接纳孩子的特性，尊重生命的差异，并学会用更灵活、更客观、更耐心的态度与方法去对待孩子，为他们的健康成长保驾护航。

人生哲学——气质拟合优度模型

儿童最初表现出来的气质特点是人格发展的基础。这种差异影响了父母或其他教养者与儿童相互作用的方式，也制约了父母对儿童作用的效果。托马斯等人认为，气质并不直接决定儿童人格的发展，他们提出“拟合优度模型”，用来解释气质与环境如何相互作用才能产生最为有利的结果。所谓“拟合优度模型”，就是指父母的抚养模式和抚养环境与儿童的气质之间的匹配。只有抚养方式与孩子的气质拟合良好，才能较好地促进孩子的发展。许多困难型气质的婴儿，接受了父母耐心而敏感的照料，当他们进入童年期或青春期时，困难型气质就会表现得不那么明显。

但是对父母而言，面对一个过度任性、情绪多变又不听话的儿童，要保持镇定、耐心和敏感，确实不容易。许多父母在教养困难型气质的儿童时往往会变得易怒、不耐烦，这样的教养态度和教养方式与困难型儿童的气质类型并不拟合，于是，孩子会变得更焦虑、紧张。事实表明，如果父母在教养时总是缺乏耐心、生气或者要求苛刻，那么，困难型气质的儿童在日后往往会继续保持困难型气质的特点，并出现行为问题。

拟合优度模型告诉我们，无论孩子是哪一种气质类型，父母都要为孩子营造一种安全、接受、认可的家庭氛围，和一个与其气质拟合的抚养环境，以帮助孩子发展他们的优势领域。

2. 遗传和特质：尊重孩子的个体差异

“培养教育人和种花木一样，首先要认识花木的特点，区别不同情况给以施肥、浇水和培养教育，这叫‘因材施教’。”

——陶行知

龙是中国的“图腾”，中国人以龙为祖先，称自己是龙的传人。在古代的神话传说中，龙掌管着天地之间的行云布雨和消灾降福，象征祥瑞。传说龙生有九个儿子，九子都不成龙，而是各有所好。老大喜欢音乐，老二嗜好攻杀，老三擅长探险，老四爱好鸣叫，老五形似狮子好坐，老六似龟有齿善于负重，老七似虎急公好义，老八似龙好斯文，老九口润嗓粗好吞。其实，龙之九子的排行并没有确切的记载，民间也有各种各样的说法，后人主要是用“龙生九子，各有不同”来说明即使是同胞兄弟，彼此的兴趣爱好也各不相同，以此提醒父母每个孩子都是独一无二的，要尊重孩子的个体差异，用欣赏的眼光看待孩子，善于发现孩子的禀赋和特长，为他们的表现和发展提供充分的条件和正确地引导，让孩子健康快乐地成长。

西邻五子

在明朝理学家吕楠的《泾野子内篇》中有一则《西邻五子》的寓言故事，原文为：“西邻之人有五子焉。一子朴，一子敏，一子蒙，一子偻，一子跛。乃使朴者农，敏者贾，蒙者卜，偻者绩，跛者纺，五子者皆不患于衣食焉。”用我们今天的话来说，就是西边邻居家有五个儿子。一个儿子老实，一个儿子聪明，一个儿子失明，一个儿子驼背，一个儿子瘸腿。于是父母就让老实的务农，聪明的经商，失明的卜卦，驼背的搓麻绳，瘸腿的纺线，结果五个儿子都学到了谋生的本领，均不为吃穿发愁。

案例反思

《西邻五子》是个寓言故事，但它的寓意对现代“望子成龙、望女成凤”的父母仍有启发意义。在常人看来，五个孩子，三个残疾，真是一个非常不幸的家庭，然而做父母的并没有怨天尤人，而是根据每个孩子的实际情况，扬长避短，因材“择业”，让每个孩子各自发挥优势，结果五子全部衣食无忧，安居乐业。如果西邻父母不考虑各子的先天条件，而一味地强调后天的努力，硬要朴者去算卦，敏者去搓麻，蒙者去纺织，偻者去经商，跛者去务农，那么其五子不要说“不患衣食”，可能生存能力都会受到影响，或许就成为“啃老族”了。西邻父母关注孩子之间的差异性，不和“别人家的孩子”比较，而是根据五子的特点因势利导，使五子各有归宿，这种善于因材施教的育子方式值得当今父母借鉴。

策略与建议

有学者曾经指出，在家庭教育的过程中，父母首先考虑的往往是自己需要什么样的孩子，甚至强制孩子朝父母所规定的方向发展，而忽略了孩子身心发展的内在本性和独特个性。其实，每个孩子都是带着父母的遗传基因来到这个世界的天使，就个体而言，每个孩子都是与众不同的，不仅有高矮、胖瘦的区别，而且在气质、能力、性格和爱好等方面也各有差异。仅以能力发展为例，在日常生活中，经常可以看到这样的现象：有些事情有的孩子做起来得心应手，而有的孩子做起来则力不从心；有些事情对有的孩子来说轻而易举，但对有的孩子而言则是难若登天。这到底是为什么呢？主要是由于每个孩子的天赋本来就各不相同，再加上后天所受的教育及所处环境又存在很多差异，所以导致每个孩子各方面的能力发展和表现会有所差别。个体有些能力表现得十分突出，有些却不令人满意，还有少数能力可能非常逊色，这都是很自然的事。不论是什么原因——遗传的或是社会环境的因素——造成了个体间的差异，这些差异都是客观存在的。

正如诗仙李白所说的那样：天生我材必有用。如果你的孩子是鱼，就不要逼着他飞翔，海洋才是最适合他遨游的地方。要向西邻五子的父母学习，永远记住：人生本是一个大舞台，每个孩子都有自己适合的角色，人人是“自得其所”，不成“方”，还可以成“圆”，正所谓“方圆虽异器，功用信俱呈”。所以，作为父母，必须理解、包容、支持和鼓励孩子的差异性，明确孩子的发展是基因和环境共同作用的结果，不同的孩子存在不同的发展可能性，朝着不同的方向发展。至于孩子究竟要朝什么方向发展，不能完全由父母的主观愿望决定，而应当根据孩子的特点因材施教，为孩子创设一种“海阔凭鱼跃，天高任鸟飞”的发展空间，让孩子的潜力得到充分的自由发挥。在孩子成长的过程中，父母要扮好陪伴者、引导者和促进者的角色，避免成为放任者、专制者和“塑造者”。

人生哲学——多元智能理论

多元智能理论由美国哈佛大学教育研究院教授霍华德·加德纳于 1983 年正式提出，该理论问世后引起世界的广泛关注，并成为 20 世纪 90 年代以来许多国家教育改革的指导思想之一。加德纳根据脑部受伤所引发的智能分离，智能的发展轨迹和专家的优异表现，心理测验学、实验心理学提供的证据，容易用符号系统来编码等八条标准，筛选出八种相对独立的智能，即语言智能、数学逻辑智能、音乐智能、身体运动智能、空间智能、人际关系智能、自我认识智能、自然观察智能。

根据加德纳的多元智能理论，作为个体，每个人都同时拥有相对独立的八种智能，但每个人身上的这八种相对独立的智能在现实生活中并不是绝对孤立、毫不相干的，而是以不同方式、不同程度有机地组合在一起。个体八种不同智能的组合使得每个人的智力都有独特的表现形式，同时使每个人的智力又各具特点 。多元智能理论充分显示了对个体差异的尊重和理解，充满了对个体无限潜力的认可。带给父母、教师和其他教育工作者全新的观念，孩子是多元化的，绝不能用一把尺子去

衡量，要以多维度的、全面的、发展的眼光来评价孩子，不能让孩子成为互相攀比的牺牲品。同时更启示我们，每个孩子都具有某一方面或几方面发展的潜力，只要为他们提供合适的教育，每个孩子都能成才。

3. 父母的观念：成人比成才重要

“不积跬步，无以至千里；不积小流，无以成江海。”

——荀子

《老子》第六十四章有这样一段话：“合抱之木，生于毫末；九层之台，起于累土；千里之行，始于足下。”意思是说，合抱的大树，生长于细小的萌芽；九层的高台，筑起于每一堆的泥土；千里的远行，是从脚下第一步开始走出来的。老子从“大生于小”的观点出发，阐述了事物发展变化的规律。旨在告诫人们，欲成大事，必先从基础做起。做事情如此，育人也是一样。我国有一句流传已久的谚语：三岁看大，七岁看老。是指一个人三岁、七岁时形成的童年经验对其一生都有影响。因为在这个年龄阶段，父母的期望、行为和一些生活标准会被儿童内化为自己的期望和规则系统。此时，若父母注重引导孩子在正确的道路上一步步前行，那么孩子将来就不会走错路或少走弯路。相反，在孩子养成教育的最佳时期，如果缺乏良好的家庭教育，孩子的人生就可能会画出一条“差若毫厘，谬以千里”的轨迹来。好的开始是成功的一半，人世间没有一蹴而就的成功，孩子只有通过脚踏实地的努力才能凝聚起改变自身命运的爆发力。

案例

金惠星博士的教育理念

金惠星博士出生于首尔，大学时以全额奖学金作为交换生去美国留学，取得社会学和人类学两个博士学位，曾是耶鲁大学的教授。她是一位在美国和韩国都享有盛誉的母亲：她的六名子女全部毕业于哈佛大学和耶鲁大学，全家八名成员共获得了十一个博士学位；孩子们毕业后，分别担任著名大学的教授、院长及副部长等要职。《纽约时报》评论认为："这个成功的家庭，可与美国历史上著名的肯尼迪家族相媲美。"如今，奇迹的创造者金惠星博士成为全球妈妈的典范。

金惠星在接受美国哥伦比亚电视台专题采访时，透露了她独特的教育理念："我在研究中国古代文化中受到了启发，中国有句话'功夫在诗外'，运用到我的教育方法中，就是'功夫在学外'。"

金惠星的六名子女个个学业优秀，事业有成。但金惠星在介绍自己的教育见解时却说："我和先生很少督促孩子们学习。相反，我们整天只对他们'唠叨'一件事，那就是一定要做个热心人。我希望孩子们能够帮助更多的人，成为在韩国乃至世界上都受欢迎的人。而他们之所以能取得今天这些成就，也正是因为他们热心，有良好的品德，并时刻牢记要做一个有用的人。"

在孩子们成长的过程中，金惠星夫妇坚信教育的首要目的在于“成人”，强调德胜于才，重视社会责任感和奉献精神的培养，夫妻两人在言谈举止、营造的家庭氛围和日常生活中给孩子们的教育都是往这方面引导的，在成人比成才更重要的教育理念灌输下，六个孩子自由、健康、出色地长大。

案例反思

金惠星博士的六名子女均毕业于名校，并且个个事业成功，成就孩子们辉煌人生的基础其实就是金惠星夫妇根植于子女心灵深处的精神原色——成人比成才更重要。金惠星夫妇在教育孩子的过程中，始终坚持把孩子培养成为一个具有优秀品德的人放在第一位，为此夫妻两人非常注重帮助孩子们养成健康向上、乐于助人的优良品格，提倡父母和孩子一起成长……由于孩子们从小接受的就是最直接的正面教育，他们明白自己不是为了成为有作为的人而努力，而是为了帮助他人而努力。在帮助他人的过程中，自身的成长也就自然而然发生了。

金惠星博士六名子女的成长经历给为人父母者的启示是：品格是一个人成人的基础，也是一个人成才的根本所在。成人永远比成才重要，不能本末倒置。而成人的关键要素是德。具备良好的品德是孩子一生幸福的根基。品德教育是孩子最好的成长土壤，决定着孩子未来能抵达的高度。

策略与建议

一个人的一生，活得有无作为、价值大小、幸福与否，主要体现在他如何做人和如何做事上。品德培养是教孩子如何做人，而智育在某种程度上则侧重于教孩子如何做事。做人与做事相比较，首先是做人，然后才是做事。金惠星博士的教育法宝就是培养孩子如何做人，在她以德为先教育理念的长期熏陶和感染下，孩子们个个气质如华，在做人方面备受称赞，做事也都出类拔萃，成为令人羡慕的超级家庭。

在家教观点和方法众说纷纭的今天，金惠星博士用切身经验，诠释了一个简明的道理：家庭教育的主要任务是培养孩子健全的人格，使孩子学会做人。健全人格的养成教育在孩子一生的发展过程中起着奠基作用。

金惠星博士的家教理念无疑值得每一位父母借鉴。当今不少家长望子成龙心切，他们不顾家庭教育的主要任务与职责，为了使孩子"不输在起跑线上"，盲目地对孩子进行智力开发，强迫孩子学这学那，妄想把孩子培养成十全十美的"全才"，有些家长甚至将孩子当成一种实现自己愿望的工具，这种注重技能而忽视品格培养的本末倒置做法，会造成孩子的人格缺陷，也会使孩子未来的发展受到阻碍。希望年轻的父母能够用心领会并努力践行金惠星博士的家教观念：培养孩子的品格比培养其才华更重要。

人生哲学——良好的开端是成功的一半

美国诗人惠特曼有一首诗，名字叫《有一个孩子向前走去》。诗里说：有一个孩子每天向前走去，他看见最初的东西，他就变成那东西，那东西就变成了他的一部分……如果是早开的紫丁香，它会变成孩子的一部分；如果是杂乱的野草，它会变成孩子的一部分。如果他看到了翱翔蓝天的翅膀，那么它也会变成孩子的一部分吗？这个孩子会展翅高飞吗？诗人的诗中虽没提到，但我知道答案是肯定的——“一定会”。所以，智慧的父母一定会想方设法引导孩子看到、听到及接触到光明与美好的东西，那么这个东西就会变成孩子自身的一部分，这就是一个孩子成长的历程，应该说父母的正确引领蕴含了足以改变孩子命运的巨大能量。父母就是孩子人生旅途的“GPS导航仪”，把握方向的作用在孩子的童年期显得尤为重要。

4. 父母的行为：正人先正己

“父母监督自己的每一个行动是首要的、最主要的教育方法。”

——马卡连柯

“其身正，不令而行；其身不正，虽令不从。”这是孔子关于从政的名言，意思是说：当管理者自身言行端正，能做出表率模范，不用发号命令，被管理者也会跟着行动起来；相反，如果管理者自身言行不端正，而要求被管理者端正，那么，纵然三令五申，被管理者也不会服从的。的确，一个“正”字诠释了身教重于言教的全部真谛。正人先正己，不仅是对管理者的要求，在家庭教育领域更是能达到无声胜有声的境界。

记得在电视上曾看过一条“妈妈洗脚”的公益广告，画面内容大概是这样的：劳累了一天的年轻母亲晚上给自己的孩子洗完脚，又大汗淋漓地端着一盆水帮年迈的老人洗脚，孩子看着妈妈的一举一动……当妈妈为老人洗好脚，坐下休息时，却看到孩子仿效着自己的做法也端着一盆水走过来，并说着“妈妈洗脚”。画面中的年轻妈妈用自己的实际行动潜移默化地教育着孩子，无形之中为孩子树立了孝敬长辈的榜样。

俄罗斯教育家车尔尼雪夫斯基曾说过：“教师要把学生培养成什么人，自己就应当是这种人。”这句话对父母来说同样适用，因为父母本身就是孩子最早的启蒙老师，父母要求孩子做到的，自己首先要做到，而且要做得更好，更具有示范性，这就是榜样的“力量”。如果这种力量是正能量的，那孩子学到的也将是积极向上的阳光行为。

案例

梁启超的教子之道

梁启超不仅是中国近代史上百科全书式的学术巨匠和启蒙思想家，还是一名优秀的教育家、成功的父亲。他秉承梁氏家风，并结合时代需要，以其独特的教育理念和教育方法培养自己的九位子女。在他的悉心教导下，九个子女无一例外地成为国家各领域的栋梁，创造了“一门三院士，个个皆俊才”的一段佳话。

梁启超的九个子女在成长过程中都受到了父亲的深刻影响，他们个个拥有回报社会的爱国之情，勤奋努力，自强不息，卓越不凡，最终都在我国某一领域取得了令人瞩目的成就。长女梁思顺具有很扎实的国学功底和广博的诗词基础，编有《艺蘅馆词选》一书，深受国内读者欢迎；长子梁思成先后就读于清华大学和美国宾夕法尼亚大学，是著名的建筑学家，被英国学者李约瑟称为"中国建筑历史的宗师"，是中国运用现代科学技术分析我国古建筑的第一人，和妻子林徽因曾经参与了联合国大厦、新中国国旗、国徽和人民英雄纪念碑的设计工作；次子梁思永先后就读于清华大学和哈佛大学考古专业，是科学田野考古的奠基人，也是现代考古教育的开拓者之一，帮助中国考古事业取得重要成果，他在1948年与其兄梁思成被评选为"中央研究院"首届院士；三子梁思忠先后毕业于美国弗吉尼亚陆军学院和西点军校，回国后任炮兵校官，不幸染疾，英年早逝；次女梁思庄先后就读于加拿大麦基尔大学和美国哥伦比亚大学，是图书馆学家，被称为"浩瀚书海中的女领航员"，一生致力于我国图书馆事业的建设；四子梁思达毕业于南开大学经济系，曾参与《中国近代经济史》一书的编写工作，长期从事经济学研究，心系国计民生；三女梁思懿曾就读于燕京大学，是我国著名的社会活动家，积极奉献于祖国的公益事业；四女梁思宁曾就读于南开大学，弃笔从戎，抗日战争时，她毅然投身革命，成为一名新四军的战士，为中国革命事业和建设

事业奉献了一生；五子梁思礼是火箭控制系统专家，是中国导弹控制系统研制创始人之一，在美国普渡大学、辛辛那提大学修完学业后于1949年回国效力，为我国航天事业做出了巨大贡献，并于1993年当选中国科学院院士。一个孩子优秀不难，但梁启超的子女个个优秀，这说明作为父亲的梁启超，在教育孩子方面，一定有自己的独到之处。让我们看看梁启超的教子之道吧。

首先，做一个以身作则的父亲。梁启超生于民族水深火热、国家多灾多难之际，他一生颠沛流离，政治上有得意也有失意，但是爱国之心从未改变，一直为救亡图存奔走呼号，他用自己的实际行动教育子女不仅要有一颗爱国之心，还要用知识救国。在变法失败逃亡日本期间，梁启超并没有自甘堕落，而是积极关注国内斗争形势和国家命运。他与友人创办了《清议报》，以犀利的笔尖直指腐朽的清政府，并积极开展救国运动，在实践中为子女们树立了为祖国奔波的高大形象。梁启超的一言一行，孩子们都看在眼里记在心中，虽然九个子女中先后有七人出国留学，但是他们无一例外都回到了祖国。他们在国外学贯中西，是各行各业的佼佼者，以他们的学识、修养，在当时完完全全可以进入西方上流社会。可是他们心系祖国，学成后都迫不及待地回到了自己的国家。这与梁启超的言传身教是分不开的。

其次，重视磨练孩子的意志品质。梁启超出身于半耕半

读的家庭，贫寒清苦的成长环境以及受祖父梁维清、父亲梁宝瑛的影响，他逐渐养成勤俭、好学、上进的性格，并把梁氏家族一贯持有的“寒士家风”传统延续下来。民国初年，梁启超官居要职，兼顾著书讲学，经济收入非常可观，但是这并没有让他及其子女养成骄奢淫逸等不良风气，梁启超依旧秉承“寒士家风”的家训，教育子女要像“寒士”一样勤俭节约且好学上进，并且能够直面人生中的各种困苦磨难。梁思成留学归来即面临职业规划的问题，梁启超建议他去条件艰苦、人才缺乏的东北大学，而不是选择生活安逸的清华大学执教，梁启超认为一直待在安逸的环境中容易消磨意志，梁思成听取了父亲的意见，选择了东北大学。日后他在东北大学开辟了一条新路，建立了我国北方大学第一个建筑系，使东北大学成为19世纪二三十年代首屈一指的建筑研究中心。梁思礼在美国留学期间，条件非常艰苦，他打过各种零工，但是梁思礼一直坚持不懈，没有利用父亲名扬四海的优势，也没有被穷困潦倒的境地击垮，而是在清苦的环境中顺利完成了学业，先后获得了电机工程学士、硕士、博士学位。梁思礼没有在困苦的环境中丧失斗志，而是逐渐培养了自己的独立奋斗意识，最终取得了一系列成就。

最后，注重以爱育爱。在传统观念中，父母在子女教育中的角色职责分配，似乎总是母亲多于父亲，父亲常扮演“黑脸”，不善于表达对子女的关爱、思念之情。梁启超则不然，他非常注重亲情，“爱”一直贯穿其家庭教育的始终。虽然一直忙于政治、学术,陪伴妻儿的时间比较少,但是梁启超对子女的爱从来没有减少过。他认为情感是维系家庭的纽带,爱是家庭的根基。最能体现梁启超注重亲情的当属他写给子女的书信。梁启超的孩子们在留学海外时,家书持续不断,他写给子女的书信有400多封,其中涉及子女的学业、职业、交友、恋爱、健康、理财等各种问题,这些书信对子女的成长极有帮助。每封家书没有教训式的话语,也没有居高临下的严父姿态,而是跟子女娓娓道来,语气温和,细细叮咛,反复讨论,以自己努力生活的身影与爱,为孩子建立信心,既有生命的大方向感,又有生活细腻感的胸怀。梁启超在给子女的书信中,很少直呼子女的名字,而是对每个子女都有很亲切的称呼,他称大女儿思顺"大宝贝思顺",称二女儿"小宝贝庄庄",称大儿子、小儿子"两个不甚宝贝的好乖乖",称小儿子为"老白鼻"(老baby),这满是亲情的称呼拉近了与子女之间的距离,在子女的心里,父亲的角色转换成了朋友,这位朋友知冷知热,还能指点迷津。梁启超用自己的爱感化儿女,让他们懂得被爱的同时也要学会关爱他人。孩子在爱与被爱的环境中,才能形成良好的人格,成为孝敬父母,尊重他人,富有同情心,善于帮助别人的人。

梁启超的教子之道还包括:倡导趣味教育,强调知行合一,主张因材施教……

案例反思

梁启超的孩子们在各个领域所取得的非凡成就并非是偶然的，这既与他们自身的勤奋努力相关，也离不开梁启超平时言传身教的榜样影响。

俗话说："有其父必有其子。"父母的家庭教育对孩子的影响是非常大的，尤其是父母的一言一行，都在潜移默化地影响着孩子。梁启超的小儿子梁思礼在回忆自己的父亲时曾说："是他父亲的思想让他受益终身。"梁启超在给孩子们的信中曾说道："我常常感觉我要拿自己做青年的人格模范，最少也不要愧做你们姊妹弟兄的模范。"他教育子女要拥有爱国心，首先自己就做到了，他的爱国心从未动摇过，一生都在坚持探索如何改变国家和民族的命运；他希望自己的子女在挫折中磨练人格，便在书信中以自身经历，不惧逆境、常思进取、不厌不倦的精神教育自己的儿女。1915 年，梁启超与学生蔡锷发动反袁护国战争，家人为梁启超的处境十分担忧。梁启超却两次致信给思顺说："处忧患最是人生幸事，能使人精神振奋，志气强力。两年来所境较安适，而不知不识之间德业已日退，在我犹然，况于汝辈，今复还我忧患生涯，而心境之愉快视前此乃不啻天壤，此亦天之所以玉成汝辈也。"梁启超的爱国情怀和乐观向上的人生态度就像一粒种子，深深地根植于孩子们的心中，孩子们长期在这样润物无声的优良家风熏陶下，迈着坚实的脚步，不断地走向优秀之路。

策略与建议

梁启超以深深的舐犊之爱培养了九个子女，他的教子之道经过了时间的沉淀，依旧熠熠生辉，对当今中国的家庭教育仍然具有重要的实践价值。

了解了梁启超孩子们的成长经历，你会发现：最有说服力的家庭教育，就是父母用自己的言行去影响孩子。正所谓“虎父无犬子”，父母希望把孩子培养成什么样的人，自己首先就应当是这样的人。

梁启超的教子之道同样深受其父母为人处世和教育方式的影响。梁启超在10岁之前一直由其祖父及父母进行教育。祖父梁维清早年间曾中过秀才，勤俭朴实，待人友善，治家严谨，父亲梁宝瑛是一位私塾先生，为人忠厚，乐善好施，长于交际，在本村中拥有很高的威望，母亲赵氏出生于书香世家，知书达理，相夫教子，贤孝勤劳，是梁启超最为信赖之人。梁启超童年时深受祖父梁维清的宠爱，四五岁时便随祖父读书识字，同吃同住，梁维清十分重视对梁启超进行伦理道德和爱国主义教育，每年的元宵节，梁维清必带着梁启超去本村北帝庙观赏古画，“此朱寿昌弃官寻母也”“此岳武穆出师北征也”，清明节祭扫完梁氏祖先后，梁维清都要带着梁启超祭奠为国捐躯的民族英雄。爱国主义精神在梁启超的内心打下了深深的烙印，在教育自己的子女时，梁启超经常把爱国英雄作为子女学习的榜样，比如旅居日本期间，梁启超和子女一边吃饭，一边讲述陆秀夫报效国家的事迹，以激发子女的爱国情怀。孩子们时时刻刻观察着父母的一举一动，并有意或无意地进行模仿，把父母的言行奉为准则和标准，久而久之，他们就会成长为父母期望的样子。

人生哲学——观察学习

美国著名心理学家班杜拉通过实验研究提出了观察学习理论，该理论的核心观点是人们可以通过观察而模仿他人进行学习。班杜拉认为靠直接经验获得的任何行为，都可以通过观察榜样的行为来形成。在榜样的作用下，人们可以形成某种行为，也可以消除或抑制已形成的行为。观察学习理论对于家庭教育有着极为重要的指导意义。

为孩子的观察学习提供示范行为是家庭教育方式的重中之重。班杜拉对观察学习的一系列研究充分阐明了这一观点，儿童直接观察别人的行为就能获得并仿造出一连串新的行为。并且观察到他人行为产生的结果，也就受到了一种“替代强化”。孩子模仿父母的行为和态度有很多原因。父母对于子女有着血缘和伦理关系上的权威优势，孩子以类似于父母的方式去行动，一方面可以维持来自父母的情感和避免惩罚，另一方面通过效仿父母的行为来获得对周围环境的控制。正是由于梁启超在日常生活中总是有意识地自构其在孩子心目中的“人格形象”，注重为孩子树立观察学习的“参照标杆”，所以孩子们的成长之路都没有走偏。

梁启超的教子之道启示我们，家庭教育没有捷径可走，父母的潜移默化和言传身教是最直接、最有效的方法。

5. 父母的教养方式：同理心是亲子关系的纽带

“用儿童的眼睛去观察，用儿童的耳朵去倾听，用儿童的兴趣去探寻，用儿童的情感去热爱。”

——李镇西

上述话语旨在提醒教育者要有“儿童视角”。无论教师还是家长，虽然在年龄上与儿童有距离，但应努力使自己与儿童的思想感情保持和谐一致。在与儿童相处的过程中，一刻都不要忘记自己曾经也是个孩子，要用儿童的心灵去感受，用儿童的大脑去思考，切勿将自己儿时的“己所不欲”再施于孩子。

案例

父　与　子

很多人都看过董卿主持的《朗读者》节目，其中一期以“陪伴”为主题，邀请了童话大王郑渊洁。郑渊洁回忆了儿时上学“被开除”的经历，还畅谈了父亲对他创作生涯的影响。他的父亲郑洪升也来到了节目现场，父子俩一起朗读了郑渊洁写的一篇童话故事《父与子》。

郑渊洁回忆，读小学时，老师出了一个作文题目叫《早起的鸟有虫子吃》，他想，鸟早起有虫子吃，虫子早起只能被鸟吃，那就写一篇《早起的虫子被鸟吃》吧。结果，被老师羞辱，让他当着全班同学的面说几百遍“郑渊洁没出息”，他一边说一边引爆了藏在身上的拉炮（拉炮是一种鞭炮，拉炮的两边有绳子，双手拽住绳子往两边拉，拉炮就响了）。因此被学校开除。回到家，他本以为爸爸会大发雷霆，不料了解了事情原委的父亲不但没有责骂他，反而说：“孩子，没关系，我在家教你。”正是父亲的包容和鼓励，使得郑渊洁热爱读书，成为中国著名的儿童文学作家。

在郑渊洁做了父亲以后，他把父亲郑洪升对自己不附加任何条件的爱同样延续到了儿子郑亚旗身上。郑亚旗出生于1983年，小学毕业后一直到18岁，都是在家接受教育。谈及退学的原因，郑亚旗表示：没上小学的时候，父亲一直把与人为善放在首位教育他。可后来他发现学校并不是以这种理念来教学。当时的老师比较凶，忘带书、忘交作业的孩子总是被罚站，老师还说这些孩子长大了没出息，这样的学校教育让他颇感失望，也很不适应。因此在小学毕业后，父亲郑渊洁毅然给他办了退学手续，自己担当起“私塾先生”的角色，编写了十套教材，在家亲自给他授课。郑亚旗现在是北京皮皮鲁总动员文化科技有限公司的首席执行官。

案例反思

这个案例引人深思的不是孩子在哪里接受教育的问题，而是探讨成人如何欣赏孩子、接纳孩子的问题。儿时的郑渊洁由于调皮被学校开除，父亲郑洪升没有批评训斥他，而是坦然接受了这个现实，并亲自承担起教育儿子的责任。在父亲无私的爱的引领下，郑渊洁成为中国的“童话大王”。郑渊洁的儿子郑亚旗因为难以适应学校老师总骂学生没出息的教育方式，小学毕业后选择退学，在家由郑渊洁自编教材进行教育。正如《父与子》中写的那样“做父亲的对待孩子只能干一件事：爱”，这份爱包括尊重、理解、悦纳、陪伴、信任、关心、宽容、支持、鼓励、引导、磨炼、适度期望、严格要求等。正是这份博大的爱为孩子撑起了一片自由成长的天空，让孩子在属于自己的人生道路上昂首前行。其实，无论是家庭教育还是学校教育，都是根植于爱的。无条件地爱孩子是父母的责任，也是教师培桃育李的感情基础。父母及教师必须明确：每个孩子都是一扇有待开启的大门，每一扇门的后面，都是一个不可估量的宇宙；每一扇门的开启，都是一个无法预测的未来。所以，千万别把“没出息”这类帽子强戴在具有巨大发展潜力和无限发展可能的孩子头上；否则，不仅会极端伤害孩子的自尊心，还可能对孩子一生的成长造成严重的负面影响。

策略与建议

“己所不欲，勿施于人”出自《论语》，是孔子的经典名言之一，也是儒家文化的精华之处。此语用现在的话解释为：自己不想要的东西，切勿强加给别人。简单地说，就是推己及人，它

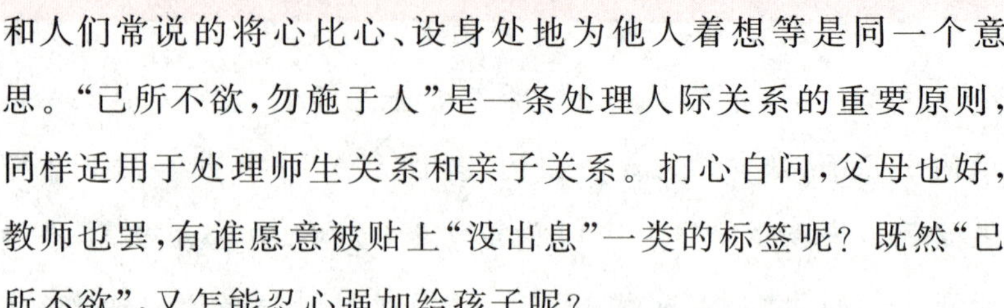

和人们常说的将心比心、设身处地为他人着想等是同一个意思。“己所不欲，勿施于人”是一条处理人际关系的重要原则，同样适用于处理师生关系和亲子关系。扪心自问，父母也好，教师也罢，有谁愿意被贴上“没出息”一类的标签呢？既然“己所不欲”，又怎能忍心强加给孩子呢？

孩子是独立的个体，有其自身成长的规律与节奏，成人世界的期待与生存法则，会扰乱他们正常前行的脚步。教育的初衷绝不是为了让孩子在竞争中高出一筹，而是帮助每个孩子成为最好的自己。父母或者教师，回头看看自己走过的道路，就会发现，身边有些人看似走在你前面，也有人看似走在你后面，但其实每个人都是按照适合自己的速度在走，你没有落后，也没有领先。人生下来就像一粒种子，只不过每粒种子的花期不同而已。有的花，一开始就灿烂绽放；有的花，需要漫长的等待；有的种子则永远不会开花，因为他是一棵参天大树。所以，请跨越“优”与“劣”二元对立的评价体系，去拥抱孩子身上体现出的多种可能，坚信每个孩子在爱的呵护下，终将羽翼丰满，飞向自己心中的理想所在。

人生哲学——同理心是亲子关系的纽带

同理心是一个心理学概念，也被称为“感情移入”“神入”“共情”。具体地说，同理心就是指在人际交往过程中，能够体会他人的情绪和想法，理解他人的立场和感受，并能站在他人的角度思考和处理问题。父母的同理心主要体现在与孩子相处时的情绪自控、换位思考、倾听以及表达尊重等方面。

具有同理心的父母能进入孩子的世界，了解孩子的想法，洞察孩子的情绪，明白孩子行为背后的原因。父母言谈举止中流露出来的同理心，会让孩子感到温暖，觉得自己被理解和接纳，这样的孩子喜欢跟父母分享，心中没有阴霾，也会更善解人意。研究表明，父母有同理心，不仅会使亲子关系更加密切，而且对塑造孩子健全人格具有积极而深远的影响。相反，缺乏同理心的父母，常常以成人的标准要求孩子，把自己的想法强加给孩子，既违背了孩子身心发展的规律，又打乱了孩子健康成长的节奏，还容易引起孩子的心理防御，产生逆反与对抗，导致亲子关系日渐疏远。因为同理心是亲子关系的纽带，事关每个孩子的终身发展，所以父母要时刻提醒自己站在孩子的角度看问题，陪伴孩子一起成长。

6. 早期童年经验：好习惯让孩子终身受益

“播下一个行动，收获一种习惯；播下一种习惯，收获一种性格；播下一种性格，收获一种命运。”

——威廉·詹姆斯

“少成若天性，习惯如自然”出自《汉书·贾谊传》。意思是说，一个人从小养成的习惯会和他的天性一样牢固。英国教育家洛克在其《教育漫话》中说道：“儿童不是用规则教育就可以教育好的，规则总是被他们忘掉。你觉得他们有什么必须做的事，你便应该利用一切时机，给他们一种不可缺少的练习，使它们在他们身上固定起来。这就使他们养成一种习惯，这种习惯一旦养成以后，便不用借助记忆，很容易地、很自然地发生作用了。"确实，习惯是一种惯性，人一旦养成一个习惯，就会不自觉地在这个轨道上运行。好习惯可以使人终身受益，坏习惯则给人留下无穷的祸患。习惯的力量是巨大的，俗话说，多高的墙多深的基，根基不牢，地动山摇。建筑如此，习惯对人的影响亦如此。如果将一个人比作一座建筑物，那么他儿时养成的习惯就是这座建筑物的地基，地基决定着这座建筑物能建成高耸入云的摩天大厦还是低矮的简易平房。

诺贝尔奖获得者的答案

在一次诺贝尔奖获得者的聚会上，有人问其中一位获奖者："您在哪所大学、哪所实验室里学到了您认为最重要的东西呢?"出人意料，这位白发苍苍的学者回答说："是在幼儿园。"提问者愣住了，又问："您在幼儿园里学到了什么呢?"学者答："把自己的东西分一半给小伙伴们；不是自己的东西不要拿；东西要放整齐，饭前要洗手，午饭后要休息；做了错事要表示歉意；学习要多思考，要仔细观察大自然。从根本上说，我学到的全部东西就是这些。"

案例反思

上述这段对话是耐人寻味的。诺贝尔奖获得者认为他终身学到的最重要的东西是在幼儿园，直到老年时还记忆犹新，脱口而出，可见留下的印象非常深刻。这说明从小养成的良好习惯会伴随人的一生，时时处处都在起作用。好习惯都是从小培养出来的，叶圣陶曾说过："什么是教育？简单一句话，就是养成良好的习惯。"儿童期是习惯养成的关键时期，就像穿衣系扣一样，从一开始就要扣好，如果第一粒扣子扣错了，剩余的扣子都会扣错。从小养成良好习惯的孩子，如同扣好了人生的第一粒扣子，慎始则善终，这是必然的结果。

现代控制论创始人维纳少年聪慧，被誉为"天才"，他在回忆父亲对他早期学习习惯的严格训练时说："代数对我来说没有什么困难，可父亲的教学方法，使我精神不得安宁，每个错误都必须纠正。他对我无意中犯的错误，第一次是警告，是一声尖锐而响亮的'什么'，如果我不马上纠正，他会严厉地训斥我一顿，令我'再做一遍'。我曾遇到不止一个能干的人，可是他们到后来一事无成。因为这些人学习松懈，得不到严格纪律的约束。我从父亲那里得到的正是这种严厉的纪律训练。"父亲严格的训练，使维纳养成了良好的学习习惯，为他以后成为誉满全球的科学巨人奠定了坚实的基础。

无论是诺贝尔奖获得者还是被誉为"天才"的维纳，都把儿时养成的良好习惯作为自己成功的基石。习惯是一种巨大的力量，它犹如注入人体血脉里的精神DNA，左右着人的思想，主宰着人的行为，决定着人的命运。因此，对于家庭和学校来说，

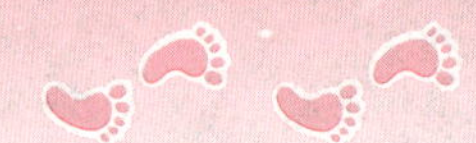

要把培养儿童的良好习惯作为根本任务来抓，这是奠基明天、奠基未来、奠基长远的大事。梁启超在《少年中国说》中提出“少年强则国强”，养成良好的习惯不仅有利于孩子自身的健康成长，更是为国家和民族的发展夯实基础。

策略与建议

人的习惯不是与生俱来的，它是个体经过反复练习而形成的一种稳定的行为方式。从生理机制上来讲，习惯是人们头脑中建立起来的一系列条件反射，这种条件反射是在重复而有规律的刺激下形成的。习惯支配下的行为不需要外界的监督，也不需要主观刻意努力。习惯一旦养成，就像个体身上的指南针，成为人生的主宰者。培养习惯不是一件简单的事情，也不是一朝一夕就能完成的。就家庭而言，既要依靠全家人的共同努力，更需要掌握科学的方法。具体做法如下。

1）父母以身作则

要想让孩子养成良好的习惯，父母应首先给孩子做出榜样。父母的言行会潜移默化地影响孩子，而且这种影响是长期和稳定的。因此，父母希望孩子养成什么样的良好习惯，不仅需要给孩子语言上的要求与期待，更重要的是做行动上的楷模，如希望孩子养成正确的用眼习惯，自己就不能躺着看书或长时间看电视，父母要在日常生活中注意自己的一言一行，严格要求自己，时时处处为孩子树立典范。

2）知为先，行为后

对孩子进行习惯养成教育的前提是尊重儿童的主体地位，

不能强制或命令孩子怎样做，而是要晓之以理，告诉孩子为什么这样做，然后导之以行，这样才能取得理想的效果。比如，孩子饭前不洗手，父母不能一味地批评、训斥，而要耐心地和孩子沟通、交流，告诉他手会接触到各种各样的东西，不洗就拿食物的话，手上所带的病菌很容易进入口中，引发疾病，并让孩子观察洗手后的水有多脏。孩子明白了其中的科学道理，就会自觉地讲卫生。

3）家庭内部要保持一致性

可以说，习惯培养是一个系统工程，不仅需要父母的耐心和恒心，还需要一个系统环境来支持。这个系统环境不仅限于家庭，还包括学校和社会，以及家庭内部环境的一致性。家庭内部的一致性，也不仅仅指父母之间的互相配合，还包括整个家族之间的密切合作。只有这样，孩子才能更好更快地形成良好习惯。如孩子已经懂得早晚刷牙的重要性，但仅仅因为懒惰就不刷了，若父母经常认可孩子出现这种例外情况的话，孩子是不能养成良好习惯的。所以，孩子一旦养成了好习惯，父母就不要轻易允诺他做改变习惯的事情。另外，父母及祖父母等家庭成员都要明确对孩子的教育要求，通力合作，保持家庭教育的一致性与一贯性，不能容忍例外。

人生哲学——卵石变钻石

教育学家威廉·坎宁安讲过这样一则寓言：一个人正在沙漠里散步，突然，一个声音对他说："捡一些卵石放在你的口袋里吧，明天你会又高兴又后悔的。"听闻此话，这个人便弯腰捡

了一些卵石放进口袋里。第二天，当他将手伸进口袋，掏出这些卵石的时候，他惊讶地发现，口袋里放的已不是卵石，而是钻石、绿宝石和红宝石。他感到非常高兴，但同时又很后悔。高兴的是，他当时听从忠告捡了一些卵石；后悔的是，他没有多捡一些卵石。

好习惯就像是这些卵石，作为父母，多培养孩子一些好习惯，就等于帮助孩子多捡了一些卵石，将来这些卵石都会变成孩子一生的财富！相反，如果孩子儿时捡的卵石过少并养成了一些不良习惯，那么，他将来不仅无法获得财富，还要为不良习惯背上无法偿清的债务，这种债务能以不断增长的利息折磨人，使孩子终身受累，父母也会后悔。因此，父母要及时抓住孩子良好行为习惯培养的最佳时期，从孩子日常生活的细微之处着手，在循循善诱中，通过日积月累，使孩子的良好习惯内化于心外化于行，为孩子一生的成长和成才奠定基础。

7. 情境和社会认知："孟母三迁"带来的启示

"与善人居，如入芝兰之室，久而不闻其香，即与之化矣。与不善人居，如入鲍鱼之肆，久而不闻其臭，亦与之化矣。"

——王肃

环境作为一种社会存在和特定的时空，在很大程度上影响着人的观念和行为。荀子在《劝学》中说："蓬生麻中，不扶而直；白沙在涅，与之俱黑。……故君子居必择乡，游必就士，所以防邪辟而近中正也。”意思是说，蓬草长在麻地里，不用扶持也能挺立住；白沙混进了黑土里，就和黑土一样黑了。所以君子居住要选择好的环境，交友要交有道德的人，这就是用来防止邪辟而接近正道的方法。所谓“近朱者赤，近墨者黑”说的也是这个道理，都是强调环境对人的影响作用。环境育人，在我国古代的教育思想与实践中一直备受重视，广为传颂的“孟母三迁”就是最为经典的范例。

案例

孟母三迁

孟子是战国时代伟大的思想家、政治家与教育家，儒家学派的代表人物。相传孟子小时候父亲早逝，母亲为了给孟子寻找到一个有利于健康成长的环境，不惜几次举家搬迁。一开始，他们住在墓地附近，孟子就和邻居的小孩一起学着大人跪拜、哭号的样子，玩起办理丧事的游戏。孟母认为这样的环境对教育孩子不利，就带着孟子搬到了集市旁边，孟子又学起了商人做生意的样子。孟母希望孟子将来能成才为贤，所以她认为集市周围也不是孩子理想的住处，于是，他们又搬家了。这一次，搬到了学校附近，孟子开始变得守秩序、懂礼貌、喜欢读书，孟母非常高兴地说：“这才是适合孩子居住的地方。”便在此定居下来。孟母依靠纺织供孟子上学读书，孟子则熟读儒家经典，学孔子操行，终成地位仅次于孔子的“亚圣”。

案例反思

孟母为了自己的儿子能有一个良好的教育环境而不惜三迁，择邻而居，真可谓是煞费苦心。这个故事之所以能成为中国家教史上的一段佳话并一直流传，是因为它生动而深刻地说明了环境育人的重要性。

尽管孟母认为治丧业和商业等环境不利于孩子健康成长的观念是偏颇的，这与那个时代儒家轻视体力劳动的传统认识有关，但她高度重视环境对孩子的教育引导和濡化习染的做法是值得后人肯定与借鉴的。

马克思曾说过："人创造环境，同样环境也创造人。"教育是在环境中进行的，环境通过"随风潜入夜，润物细无声"的方式对人施加多方面的影响。正是由于孟母注重为孟子创设积极向上的情境与氛围，使得孟子在不知不觉中接受了环境的正面影响，为孟子成大器打下了坚实的基础。当然，孟子终成"亚圣"除了环境的熏陶这个外因条件，他本人好学上进的内因作用也绝对是不容忽视的。

策略与建议

从孟母三迁的故事中，我们可以得到如下启发。

首先，环境条件对育人具有重要的作用。人是被整个社会教育着的。马卡连柯说："即使是最好的儿童，如果生活在不好的环境里，也会很快地变成一群小野兽。"荀子在《劝学》中也指出，孩子“生而同声，长而异俗，教使之然也”。意思是小孩生下来哭声相似，长大后却有了不同的习俗，原因就在于后天接受的教育不同。可以说，环境是孩子接受教育的土壤，这片土壤的贫瘠与富饶会对孩子的健康成长产生不同的影响。因此，作为父母，要向孟母学习，注重为孩子营造良好的发展环境。

其次，环境育人的作用不是绝对的。有人无论在多么优良的环境与教育条件下，由于自身主观因素的问题也无法成器，古今中外都存在着这种客观事实。孔子虽有弟子三千，但也只有七十二位贤人；当今，在同等的环境和教育条件下，有人出类拔萃如特朗普的子女，有人则成为丑闻百出的坑爹“富二代”。实践证明，在环境育人中，注重培养和提高受教育者良好的主体意识是非常重要的。《三字经》中紧接着“昔孟母，择邻处”之后的是“子不学，断机杼”，孟母通过折断织布机上的梭子，来教育孟子学习就像织布一样不能半途而废。孟子正是在这样一位智慧而果决的母亲引导下，凭借自己的不懈努力饱学终日，最终与孔子一起成为儒家思想的代表人物。

人生哲学——社会生态系统理论

社会生态系统理论由美国著名心理学家布朗芬布伦纳提出。该理论描述了影响发展中儿童的互动过程。布朗芬布伦纳认为，按照生态学的观点，每种生物都是在促进或阻碍其生长的生态环境中发展的。如果我们想要理解一条鱼或一棵树的发展，就要了解海洋或森林的生态学，同样，我们需要通过了解人类的生态环境来理解儿童是怎样发展的。

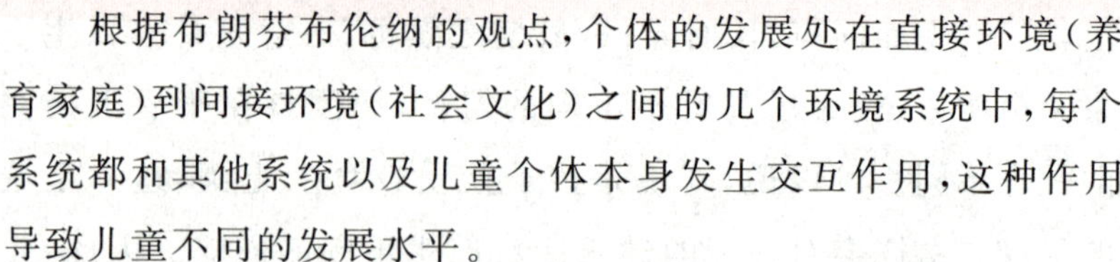

根据布朗芬布伦纳的观点，个体的发展处在直接环境（养育家庭）到间接环境（社会文化）之间的几个环境系统中，每个系统都和其他系统以及儿童个体本身发生交互作用，这种作用导致儿童不同的发展水平。

布朗芬布伦纳提出了五个相关的环境系统，从最私人的环境到最一般的环境分别是微系统、中间系统、外系统、宏系统和时间系统（见下图）。布朗芬布伦纳认为，我们每个人都在各自的微系统里活动，微系统是儿童生活的场所及其周边环境，如家庭、幼儿园、学校、邻里和社区，微系统相互联结成为中间系统，中间系统是指各微系统之间的联系或相互关系，外面又嵌套着外系统和宏系统。前四个系统就像中空的圆环，环环相套，把发展中的个体层层包围，它们都处于时间维度之下。

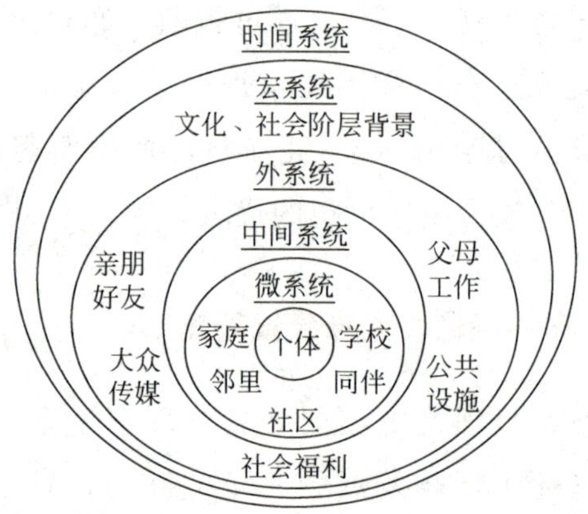

布朗芬布伦纳的社会生态系统理论

该理论认为，人与环境之间达到最佳拟合有利于个体的发展，如果拟合不理想，人就会通过适应、塑造或更换环境来提高拟合度。孟母正是考虑到环境对孟子发展的影响，所以才毫不犹豫地几次搬迁，直到找到她认为适合孟子成长的理想环境才定居下来。

确实，每个人都会在不经意间接受来自环境的一些潜移默化的影响，从而不知不觉地改变了自己的言行。正如鲁迅所说："农家的孩子早识犁，兵家的孩子舞刀枪，秀才的孩子弄文墨。"儿童是最具有模仿力的一个群体，他们时时刻刻观察着父母、老师、同伴等周围人的一举一动并进行模仿。所以，在现实生活中，孩子与谁在一起真的很重要，甚至能改变其成长轨迹。和勤奋的人在一起，孩子不会懒惰；和积极的人在一起，孩子不会消沉；与智者同行，孩子会不同凡响。这也许是众多父母争先恐后把孩子送进校风、学风、教风优良学校的最直接原因。愿家庭、学校、社会能共同努力营造一个适合孩子健康成长的环境，使儿童在家里做个好孩子，在学校做个好学生，在社会做个好公民。

8. 同伴交往：三人行，必有我师焉

"见贤思齐焉，见不贤而内自省也。"

——孔子

"三人行，必有我师焉；择其善者而从之，其不善者而改之。"孔子的这句话可谓是家喻户晓，出自《论语·述而》。意思是说：别人的言谈举止，必定有值得我学习的地方。要选择学习别人的优点和长处，对别人的缺点和不足则要引以为戒，反

省自身有没有同样的问题，如果有，就加以改正。《论语·里仁》中谈到的“见贤思齐”，其含义与此类似，即不管同行相处的人善与不善、贤与不贤，都可以为师。孔子的这些哲言不仅成为后世儒家修身养德的座右铭，而且对于今天人们提高自身品行仍有重要的借鉴价值。

案例

“娃娃家”游戏的角色分配

一天下午，某幼儿园中班的“娃娃家”主题游戏活动开始前，三个女孩为谁做“家”中的妈妈争执不休，忽然，莹莹找到了理由：“今天老师表扬我是能干的人，只有能干的人才能做妈妈。”虹虹马上顿悟：“今天老师也表扬了我，说我是她的好帮手，我也很能干，我也可以做妈妈。”莉莉只好认输：“好吧，今天老师没表扬我能干，就做小孩，你们俩用锤子、剪刀、布决定，谁赢了谁就做妈妈。”结果虹虹赢了，莹莹虽有些不服气，但很快接受了虹虹做妈妈的现实，并说：“虹虹是老师的好帮手，是能干的人，能干的人可以做妈妈。”莉莉马上说：“莹莹你当外婆吧，外婆是妈妈的妈妈，也是能干的人。”虹虹一看两个小朋友都同意她做妈妈，立刻说道：“今天我做妈妈，莹莹是能干的人，莉莉是谦让的人，都可以做妈妈的，以后我们轮流做吧。”莹莹和莉莉一听，高兴地说：“谢谢你，你当完了我们当。”分配好扮演的角色，三个孩子开心地玩起了“娃娃家”的游戏。

案例反思

因为扮演自己喜欢的角色而起争执是幼儿游戏活动中常见的一种冲突形式。上述案例中的三个女孩都想做“家”中的妈妈,在争执未果的情况下,莹莹首先提出了一条做妈妈的标准:“只有能干的人才能做妈妈”,并申明老师表扬她是能干的人;虹虹不甘示弱,马上表示她也被老师认为是能干的人;考虑到莹莹和虹虹当天都曾被老师称赞过能干,莉莉主动让步,选择了扮演小孩,同时还提议以让莹莹扮演外婆的方式尝试着解决矛盾。三个孩子在争执的过程中既表明了自己的观点,又关注了别人的反应;既认识了自己,也了解了别人,最后每个孩子都及时改变了自己最初的想法和行为模式,通过协商一致决定“以后轮流做妈妈”,这是一种更为有效、积极和公平的处理争端的方法,也是儿童日后建立友谊、亲密关系的基础,有利于儿童积极情感、认知能力和自我认知的发展。

策略与建议

儿童从出生起就与周围环境发生着相互作用,由一个自然实体,逐渐形成一定的社会角色和社会关系,掌握社会技能、社会规范,最终成为独立的社会成员。这一过程就是社会性发展过程。个体社会性发展除受生物学因素影响外,主要受后天发展的社会化动因影响。家庭、同伴、学校、社会文化等是儿童社会性发展的主要动因。其中,同伴在儿童的社会性发展中起着举足轻重的作用。大量研究文献表明，同伴关系有利于儿童社会价值的获得、社会能力的培养以及认知和健康人格的发展。鉴于此，作为父母，一定要充分关注同伴对自己孩子的影响作用，重视培养孩子与同伴交往的能力。

1）注重为孩子创设与同伴交往的机会

父母不能画地为牢，总是把孩子关在家里，要鼓励孩子多和同龄人一起玩耍，既要欢迎孩子的朋友到家里做客，并为孩子们提供游戏的场所和他们感兴趣的玩具，又要鼓励孩子到同伴家里去玩，扩大他的接触面。在同伴互动的过程中，不同的孩子具有不同的生活经验和认知基础，他们在共同活动中也会有各不相同的具体表现，即使面对相同的玩具，也可能玩出不一样的花样，所以，同伴交往可以为儿童提供分享知识经验、互相模仿和学习的重要机会。同时，同伴交往也为儿童提供了大量的同伴交流、直接教导、协商、讨论的机会，儿童常在一起讨论物体的多种用途或问题的多种解决方式。这些都有助于拓宽儿童的视野，极大地促进智力的发展，还能帮助孩子获得愉快的情感体验，掌握社会道德规范和人际交往规范。应该说，同伴影响在儿童的发展中起着独特的不可替代的重要作用。

2）培养孩子谦虚的美德

谦虚是孩子进取和成功的必要前提。有的孩子因为在某些方面有特长和成绩就骄傲自满，认为别人不如自己，看不起别人，这时父母应该告诉孩子“天外有天，人外有人”的道理。要让孩子认识到，每个人身上都有值得我们学习的地方，学习是无止境的，只要虚心好学，我们就能向任何人学到东西。

3）提高孩子辨别是非的能力

孩子不能学习他人的长处，有时候与孩子判断是非的能力较低有关。例如，当你不能识别一座金矿的时候，即使面前摆着几十座金矿，也只能是荒置无用。孩子要学习他人的长处，首先得明白别人的长处是什么。然而是非曲直、黑白对错的观念不是与生俱来的，是要从小培养的。父母要善于捕捉各种教育契机，对孩子进行正确的引导，不断提高孩子辨别善恶、美丑、优劣、光明与黑暗的能力。

人生哲学——满招损，谦受益

《尚书・大禹谟》有“满招损，谦受益”的千古名句。旨在告诫人们：自满会招来损害，谦虚则会获得益处。此话经过将近三千年的检验，被证明是一条亘古不变的真理。

纵观人类的发展史，古今中外凡成就大事者，无一不是虚怀若谷之人。古希腊著名的哲学家苏格拉底才华横溢，每当人们赞叹他学识渊博的时候，他总谦逊地说：“我唯一知道的就是我自己的无知。”被称为“力学之父”的牛顿，对于自己的成功，他说：“我只像一个海滨玩耍的小孩子，有时很高兴地拾着一颗光滑美丽的石子儿，真理的大海还是没有发现。”闻名于世的音乐大师贝多芬，则谦虚地说自己“只学会了几个音符”…… 正如别林斯基所说“一切真正的和伟大的东西，都是纯朴而谦逊的”。的确，宇宙不拒每一颗星星，故天空广阔无垠；大海不择每一条细流，故海洋浩瀚无边；大山接受每一粒石子，故能成就雄伟壮观之势。所以，一个人要想不断完善自己，就必须始终保持一颗谦虚的心，以海纳百川的态度学习他人之长，只有这样，人生之旅才能受益无穷。相反，满招损，骄傲的人因为沾沾自喜，不能正视他人的优势，也发现不了自己的缺点，故很难提高自己，容易陷入裹足不前的困境。

9. 社会实践：读万卷书，行万里路

“古人学问无遗力，少壮工夫老始成。纸上得来终觉浅，绝知此事要躬行。”

——陆游

《冬夜读书示子聿》是南宋诗人陆游所写的一首教子诗。意思是说，古人做学问是不遗余力的，终身为之奋斗，往往是年轻时开始努力，到了老年才取得成功。从书本上得到的知识终归是浅显的，若要透彻地认识事物还必须亲身去实践。

《冬夜读书示子聿》是一首哲理诗，诗的前两句赞扬了古人刻苦学习的精神以及做学问的艰难。说明只有少年时养成良好的学习习惯，竭尽全力地打下扎实基础，将来才能成就一番事业。旨在告诫儿子子聿，趁着年少精力旺盛，抓住美好时光奋力拼搏。诗的后两句则从书本知识和社会实践的关系着笔，强调实践的重要性，目的在于激励儿子不要片面满足于书本知识，还必须具备广泛了解、认识和接触社会的实践能力，要把“读万卷书”和“行万里路”结合起来。

《冬夜读书示子聿》饱含了诗人深邃的教育理念，也寄托了

诗人对儿子的殷切期望。诗人的独到见解，不仅在古代，是父母教育孩子做学问、求知识的宝贵经验之谈，即使在科技日新月异的现代，仍然具有较强的启迪和借鉴意义。

案例

每年带孩子去一个陌生的地方

德鲁·吉尔平·福斯特是哈佛大学历史上第一位女校长，她在一次演讲中用亲身经历告诉人们：一个人生活的广度决定了他的优秀程度。她说，她每年都要去一个陌生的地方，这是她对自己的一个要求，也算是一个规划，这个习惯从小就有，有了孩子后，她则每年都会带孩子们去一个陌生的地方。对她来说，以学习的方式旅行，已成为一种传统，意义在于成长。

德鲁·吉尔平·福斯特认为，认识世界的方法有很多种，通过书籍、影像资料，和别人聊天都能让我们了解世界，但没有哪一种比身临其境的体验更重要。她和孩子们的一贯做法是：每到一个陌生的地方之前，先和孩子们一起进行长达一周的自我培训，包括文化、语言、生活细节和摄影技巧。例如，去意大利旅行，她会提前和孩子们阅读相关的书籍，让孩子们对文艺复兴有基本的了解；去法国前，她也会跟孩子们说说罗浮宫的神秘和拿破仑的传奇。做过相应的功课，再来到陌生的国度，孩子们就会想要去验证资料上的和亲眼所见的是不是吻合。

孩子们在陌生的地方，品尝其他国家的食物；熟悉交通路线和公共标志；欣赏形式各异的建筑；体会种类不同的宗教现象；体验与陌生人相处；适应各种气候状况；甚至是那里的空气中弥漫的不同味道……德鲁·吉尔平·福斯特回忆道：每到一个陌生的地方，总会听到孩子们这样说，这和我们那里不一样，这里一样，也会比较什么地方好，什么地方不好。在这样的比较中孩子们更善于观察，感知变得敏锐，胸怀也更宽广。

当德鲁·吉尔平·福斯特和孩子们带着激动、疲惫、收获与成长，结束了旅程，他们也会把对陌生国度的思考一并带回家。除了留在脑子里的回忆，还有日记、明信片、相片，她还会和孩子们开展各种类型的讨论，这些回味会让一次旅程变得更厚重。

案例反思

人们常说：读万卷书不如行万里路，行万里路不如阅人无数。德鲁·吉尔平·福斯特和孩子们的做法则是：行万里路前读万卷书，行万里路中阅人无数，行万里路后思索回顾。很多人可能会说，孩子太小了，七八岁旅行能记住什么？别说更低幼的孩子了，他们什么都不懂。这是我们对孩子的误解。一般情况下，我们判断一个人获得了什么，会以他表达出来的东西或者他的改变作为标准。处在生理和心理成长期的孩子，他们的表达能力不足以清楚有效地表达收获了什么，于是大人们很武断地说，他们年龄太小了，对他们来说没有用，以后都记不得。也许一个孩子在四五岁时的一次旅行，等到十几岁时确实会不记得，但这次旅行对于接下来一年的成长绝对意义非凡。

其实，孩子不用带出国，只要经常到不同的环境里，看到、听到、感受到不一样的风土人情，能在陌生喧闹的人群中，鼓起勇气去听、去看、去体验，本身就是一种成长。从小开始的旅程，是扩展生活广度的起点。

策略与建议

“读万卷书，行万里路”出自明代著名书法家、画家董其昌之口。他在《画禅室随笔》卷二《画诀》中提出此说，以为如此才能胸中自生丘壑，成为出色的山水画家。这一观点得到了后世书画家的认同。由于“读万卷书，行万里路”包含着非常深刻的哲理，所以也成为历代读书人求知的基本模式。

读万卷书，是积累知识、开启智慧的过程；行万里路，是亲历躬行、磨炼意志的过程。前者强调的是理论，后者重视的是实践。前者关注的是海纳百川的胸怀，后者展示的是脚踏实地的精神。在家庭教育实践中，“读万卷书”大家都能理解，而且大多数父母都鼓励孩子勤奋读书，但家长们对“行万里路”似乎并未引起足够的重视。其实，“行万里路”不仅仅是如德鲁·吉尔平·福斯特那样带着孩子行走万里到文化名胜去游学、到名川大山去游览、到山南海北去考察，更是指引导孩子多接触生活，多了解社会，身体力行，手脑并用，注重理论与实践的有机结合。千万别把孩子局限在某一个小小的范围内，像坐井观天的那只青蛙。因为世界是立体的、真实的、精彩纷呈的，所以孩子一定要亲自用手去触摸，用脚去丈量，用眼睛去阅读，用心去感受。只有孩子眼里看过更大的世界，他的心胸才更宽容、更坦荡。

人生哲学——“读书”与“行路”是相辅相成的求知途径

读书与行路是相辅相成的求知途径，两者都是人生不可或缺的组成部分。读书也是行路，是精神之旅。通过读书，可以跨过千山万水，超越万世千秋，与往圣先贤相往来，观异地他乡之风光。行路同样是读书，读的是一部部活生生的书，山水风光，尽收眼底；风土人情，自在心中。读书得到的是间接知识，是否可靠需要亲身验证和体会；行路则是直接的体验，没有这种体验，他人的知识则难以转化为自己的智慧。行路同样离不开读书的指导，没有过来人的指点就盲目上路，很可能会走弯路，甚至可能置身险地。一个人只有书读得多，路行得远，头脑才会睿智，视野才会开阔，胸怀才会宽广，正如哈佛大学校长德鲁·吉尔平·福斯特用其亲身经历告诉人们的那样：一个人生活的广度决定了他的优秀程度。

10. 社会文化：揠苗助长不如循序渐进

“大自然希望儿童在成人之前就要像儿童的样子。如果我们打乱了这个次序，我们就会造成一些早熟的果实，既不丰满

也不甜美，而且很快就会腐烂。”

——卢梭

语言学家吕叔湘先生曾做过一个比喻，他说教育是农业，不是工业。教育家叶圣陶先生的文章中对此有过详细地记录，他写道：“最近听吕叔湘先生说了个比喻，他说教育的性质类似农业，而绝对不像工业。工业是把原料按照规定的工序，制造成为符合设计的产品。农业可不是这样。农业是把种子种到地里，给它充分的、合适的条件，如水、阳光、空气、肥料等，让它自己发芽生长，自己开花结果，来满足人们的需要。”①

每个孩子都是一个生命体，就像一粒珍贵的种子，有无限的潜能，有其自身成长的规律，在每个阶段都会呈现不同的特点。父母要做的，就是唤醒生命发展的自主意识，遵循孩子身心发展的规律，尊重每一个孩子的“长势”，像园丁一样，辛勤地耕耘，精心地呵护，静待他们发芽，开出美丽的花朵或者长成参天大树，最终融入生机勃勃的世界。

案例

“人造天才”赛达斯的悲剧

赛达斯是曾经扬名一时的美国神童，他 6 个月时会认英文字母，2 岁能看懂中学课本，4 岁发表了三篇 500 字的文章，在 6 岁生日晚会上又写成了一篇解剖学论文。在相当长

① 任苏民. 教育与人生——叶圣陶教育论著选读[M]. 上海：上海教育出版社，2004：90.

的一段时间里，他是全美新闻机构关注的焦点。赛达斯12岁时破格进入哈佛大学，然而14岁那年却因患精神病入院，到21岁时，他成为一名商店店员。

赛达斯的父亲是哈佛大学心理学荣誉教授。他认为，人脑与肌肉一样，是可以训练的。所以，在赛达斯还未出生之前，他就开始准备在孩子身上进行一系列“试验”的计划。小赛达斯刚一出世，他便在儿子小床的周围挂满了英文字母，并不断在他身旁发出字母的读音。接着他又用各类教科书取代了儿童玩具。于是，赛达斯从小就被各种几何、公式、地球仪和多种外国语言包围。整个婴幼儿时期成了他独自苦读的过程。这样训练的结果，使得赛达斯过早成熟。尽管赛达斯天资聪颖，但过分加压使其神经系统开始失常。后来不得不作为精神病患者被送进了医院。虽然他在痊愈出院后，又以优异成绩从哈佛大学毕业，但早已对他父亲的“试验”与整个世界产生了反感，热切渴望过正常人的普通生活。从此以后，他离家而去，改名换姓，在一家商店里当了一名普通店员。一代“神童”就这样悄然消逝。

案例反思

赛达斯的成长经历告诉我们：教育孩子是慢工细活，急于求成、揠苗助长的结果往往适得其反。

赛达斯的父亲重视孩子的早期教育无可厚非，但他违背了孩子身心发展的内在本性，越俎代庖地去替孩子规划人生的做法实在是错误之举。

孩子有自己生命的内在节奏,有他们特有的想法和感情。孩子的成长需要父母的陪伴,但无须父母过多地干预;需要父母的引导,但无须父母提前为其设计成长路线。赛达斯的父亲尽管深谙智力开发的训练方法,但却没有为孩子营造一种发自天性自然的良好教育环境,同时更忽视了孩子心灵的健康成长和人格的日臻完善。正是来自父亲多年的外在约束导致赛达斯在精神方面出了问题,这绝对不是赛达斯父亲愿意看到的结果,更不是他辛苦训练孩子的初衷。

孩子的生活应该是丰富多彩的,孩子的成长过程也应该是缤纷绚丽的。孩子喜欢的教育是顺应孩子身心发展的规律与节奏,让孩子成为那个他最想成为的自己。

教育是慢的艺术,也是等待的艺术,允许孩子慢慢成长,这是每一位父母都要具备的教育常识。人生不是一场百米冲刺,而是类似于农作物的生长。一粒种子何时发芽、开花和结果,既与其自身属性相关,也受外界环境的影响。对孩子实施过度的教育,不是帮助孩子赢在起跑线上,而是违背了孩子身心发展的内在秩序,后果则正如卢梭所说“会造成一些早熟的果实,既不丰满也不甜美,而且很快就会腐烂”。

策略与建议

孩子是一个不断生长着、发展着和创造着的生命体,每一个生命都有自己独特的天赋以及不可估量的潜能。生命的色彩是各异的，父母应该是帮助孩子生命舒展的“守护者”，而不是扭曲孩子天性的“塑造者”。任何不尊重孩子成长规律的教育，都是对生命的折磨。

教育不是成“材”、成“器”，是成“人”。雅斯贝尔斯认为：教育意味着一棵树摇动另一棵树，一朵云推动另一朵云，一个灵魂唤醒另一个灵魂。因此，教育过程要尊重意愿，满足需要，培养兴趣，凸显“自主、自信”的主体精神，激发孩子自我发展的内在动力，保证孩子享有“为充分发挥自己的才能和尽可能牢牢掌握自己的命运而需要的思想、判断、感情和想象方面的自由”①。

如果父母能以自己全部的爱心、学识、良知、勇气去感染孩子，唤起孩子对未来生活的无限憧憬和乐观期待，那么我们有理由相信，父母的生命终会以某种形式进入一个更为持久的循环之中。

人生哲学——牵一只蜗牛去散步

“十年树木，百年树人”的教育哲理是：培养人才是一项长期的工程，培养人才很不容易。毫无疑问，急于求成是家庭教育的大忌。泰戈尔说：“不是棒槌的敲击，而是水的载歌载舞，才使鹅卵石如此光彩亮丽。”因此，给孩子充分的时间和空间，静待他的绽放，才是最好的教育！

我国台湾大学张文亮教授写过一首散文诗《牵一只蜗牛去

---

① 联合国教科文组织国际21世纪教育委员会. 教育—— 财富蕴藏其中[M]. 北京：教育科学出版社，1996：69.

散步》，令人深思。牵着蜗牛去散步，想走快些，可蜗牛用尽了全力，也只能前进一点点；倍感绝望松手的一刹那，却突然发现自己已置身于美丽的花园，不禁疑惑：究竟是谁在牵着谁散步？

教育孩子就像牵着一只蜗牛在散步。和孩子一起走过他的孩提时代和青春岁月，虽然也有被气疯和失去耐心的时候，然而，孩子却在不知不觉中向父母展示了生命中最初最美好的一面。孩子的眼光是率真的，孩子的视角是独特的，与孩子一道放慢脚步，这其中成就的，何止是孩子，其实是父母和孩子在共同体会生命与成长的美好。

三、领悟开启孩子幸福人生的教育智慧

——培养孩子健全人格的方法

人生下来就像一粒种子，代表着一种潜力和能量；家庭教育的沁入就像一片土壤，代表着对种子的点化和润泽；父母的教养方式无疑是为这片土壤请来的春风。然而，有了春风般的教育不一定就能吹开生命中最娇艳的花朵，生命的彰显和灵动还需要及时的甘霖雨露，科学的教育思想和正确的教育方法恰是这一场场及时的甘霖雨露，有了它，父母才能在教育子女的漫漫长路上，取得理想的效果。本篇从心理学的视角讲述父母的教养之道，希望父母能拥有更多的教育智慧，掌握培养孩子健全人格的方法，带领孩子充满希望地奔向未来。

1. 引导孩子正确认识和悦纳自我

“发现你自己，你就是你。记住，地球上没有和你一样的人。在这个世界上，你是一种独特的存在。”

——卡耐基

“人，认识你自己”这句刻在古希腊德尔菲神庙前一块石碑上的箴言，成为历代思想家探讨的一个永恒话题。苏格拉底曾以哲学家的智慧诠释过“我是谁”，老子也有“知人者智，自知者明”的观点，蒙田则认为“世界上最重要的事情就是认识自我”。其实，对每个人来说，准确地了解自我都是一项重大的人生课题。那么，作为芸芸众生中的一员，“我”到底是谁呢？有些人对自己有清晰的认知，有些人真的不了解自己。

就个体而言，每个人都是最独特的，就如同世界上没有两片相同的叶子一样，世界上也绝没有另一个人和自己完全一样，每个人都是稀世珍品。能够正确地认识自己，并诚恳地接受真实的自己，热爱自己，悦纳自己，是个体有效地从事各种社会活动的前提，也是实现自我生命独特辉煌的根基。

案例

一场与生命相遇的演讲

她站在台上，时不时不规律地挥舞着双手；仰着头，脖子伸得好长好长，与她尖尖的下巴扯成一条直线；她的嘴张着，眼睛眯成一条线，诡谲地看着台下的学生；偶然她口中也会咿咿唔唔地，不知在说些什么。基本上她是一个不会说话的人，但是，她的听力很好，只要被猜中或说出她想说的话，她就会乐得大叫一声，伸出右手，用两个指头指着你，或者拍着手，歪歪斜斜地向你走来，送给你一张用她的画制作的明信片。

她叫黄美廉，出生时由于医疗事故，造成她脑部神经受到严重伤害，以致面部及四肢肌肉都失去正常作用。因为模样十分怪异，肢体失去平衡感，她从小就生活在众人异样的眼光中，她的成长充满了血与泪。然而她没有让这些外在的痛苦击败自己内在奋斗的精神，她昂然面对，迎向一切的不可能，依靠顽强的意志和坚韧的毅力，获得了美国加州大学的艺术学博士学位。她用她的画笔，以色彩告诉人"寰宇之力与美"，并且灿烂地"活出生命的色彩"。全场的学生都被她不能控制自如的肢体动作震慑住了，这是一场倾倒生命、与生命相遇的演讲会。

"请问黄博士，"一个学生小声地问，"你从小就长成这个样子，请问你怎么看你自己？你都没有怨恨吗？"大家的心头一紧，真是太不成熟了，怎么可以在大庭广众之下问这样伤人的问题。

"我怎么看自己？"黄美廉用粉笔在黑板上重重地写下这几个字，她写字时用力极猛，有力透纸背的气势。写完这个问题，她停下笔来，歪着头，回头看着发问的同学，然后嫣然一笑，再回到黑板前，龙飞凤舞地写了起来：

我好可爱！

我的腿很长很美！

爸爸妈妈这么爱我！

上帝这么爱我！

我会画画！我会写稿！

我有只可爱的猫！

……

教室内鸦雀无声，没有人敢讲话。她回过头来看着大家，再回过头去，在黑板上写下了她的结论：“我只看我所有的，不看我所没有的。”众人在安静了几秒后，一下子，全场响起了雷鸣般的掌声……

案例反思

尼采说：“聪明的人，只要能认识自己，便什么也不会失去。”因为医疗事故，黄美廉失去了肢体的平衡感，也失去了发声讲话的能力，使得她无法像别人一样，自由自在地奔跑，也不能侃侃而谈。但她能正确地认识自己，坦然地接受自己。一句“我只看我所有的，不看我所没有的”，蕴含着深刻的人生哲理，意在告诉大家：每个人都是一座巨大的宝藏，自身蕴藏着无坚不摧的能量和威力，只要勇敢地去挖掘，就一定会收获奇珍异宝。当然，能否拿到开启宝藏的金钥匙，关键在于个体用怎样的态度去看待自己。如果每个人都能像黄美廉一样，不抱怨命运的不公，对自己的不完美不耿耿于怀，而是多关注自己所拥有的，那么在这个世界上就会发现人人都是富有者。

有人说，每个人都是被上帝咬了一口的苹果，都是有缺陷的。有的人缺陷比较大，是因为上帝特别喜欢他的芬芳，所以咬的这一口更大罢了。黄美廉就是这样的苹果，上帝虽然对她咬得重，但却给了她一颗健康的心灵，她珍惜自己拥有的一切，

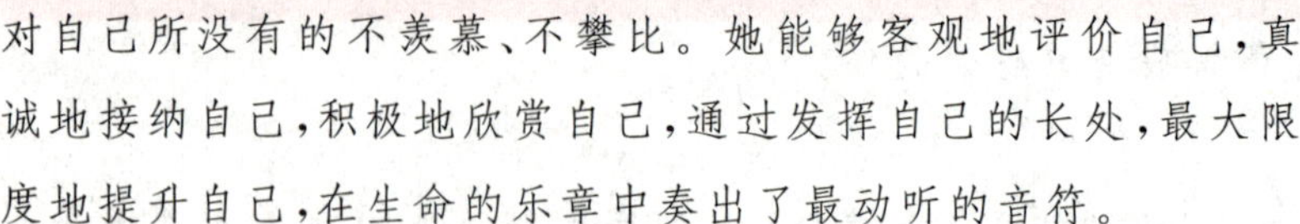

对自己所没有的不羡慕、不攀比。她能够客观地评价自己，真诚地接纳自己，积极地欣赏自己，通过发挥自己的长处，最大限度地提升自己，在生命的乐章中奏出了最动听的音符。

策略与建议

正确地认识自我，悦纳自我是心理健康的重要条件，也是人格发展完善的关键环节。人刚出生的时候是不能区分自己的，往往把自己和身边的其他物体混为一谈，直到两岁左右，孩子会使用“我”这个第一称谓时，才开始认识自我。孩子在成长的过程中，对外部客观世界的认识总是从不全面到全面，从不正确到正确，对自己的认识也是如此。个体常常容易出现两种自我认知偏差。一种是过高评价自己，看自己一朵花，看别人豆腐渣，以己之长量人之短，孤芳自赏。这类孩子在人际交往中容易咄咄逼人，他人只会避而远之，结果是虽处人群却倍感孤单。另一种是过低评价自己，感觉事事不如别人，看不到自我的价值，认为自己这也不好，那也不行，总觉得自己处处低人一等。这种自我认知不仅会严重地阻碍孩子的交往生活，使他们孤立、离群，还会抑制他们的自信心和荣誉感的发展，抑制他们能力的发挥和潜能的挖掘。

墨子说：“甘瓜苦蒂，天下物无全美。”说明世界上没有十全十美的事物。同样，世界上也没有完美无缺的人。每个人都有长处，也有不足，这是客观存在的。一个人只有正确地认识自己，客观地评价自己，不因自己的优点沾沾自喜，不因自己的缺点自暴自弃，而是像黄美廉一样正视自我，悦纳自我，这样才能最大限度地开发自我潜能，才能发展自我、超越自我、升华自我，写下俯仰无愧的人生篇章。

当然，正确地认识自己和悦纳自己绝非易事，需要一个发展和完善的过程。著名作家塞万提斯曾经说过："把认识自己作为自己的任务，这是世界上最困难的课程。"有这样一个小故事：一位著名的漫画家去参加朋友举办的鸡尾酒会。有人请他给在场的每个人画一幅漫画。他寥寥数笔就勾勒出一幅，很快就给每个人都画了一幅肖像。当把这些漫画拿到众人面前辨认时，每个人都很快认出了别人，但对自己的那幅却很难辨认出来。这说明别人认识自己和自己认识自己是有很大差异的，而且，从某种意义上讲自己认识自己更有难度。那么，作为父母，要怎样引导孩子尽量全面、客观地认识自己，并愉快地接受自己呢？

1）教给孩子正确认识自我的方法

孩子由于年龄小，受到知识、经验、能力等的限制，加之缺乏自我认知的方法，因而常常过高或过低地评价自己，导致自负或自卑，容易迷失自我。正确认识自我的方法包括他人评价、社会比较和内省，父母可以把这些方法教给子女。

(1) 他人评价。

日常生活中，每个人都会照镜子，通过镜子里反映出来的形象来认识自己的外表，修饰自己的衣着与容颜。其实，对于隐藏在外表之下的个体的性格、能力、情感等特点的认识，也有这样一面镜子可以借助，那就是他人对你的态度与评价。父母、老师及同伴就如同一面面镜子，孩子在与他们的互动中体会对方的姿态意味，并从他们的观点中看到自身，获得自我的形象、自我的感觉、自我的态度。

值得指出的是，这些镜子的镜面不都是平的，有的是凸透镜，有的是凹透镜，因而所成的像有的被缩小，有的被放大。纪伯伦曾在其作品中讲了一个狐狸觅食的故事。狐狸欣赏着自己在晨曦中的身影说："今天我要用一只骆驼做午餐呢!"整个上午，他奔波着，寻找骆驼。但当正午的太阳照在它的头顶时，它再次看了一眼自己的身影，于是说："一只老鼠也就够了。"狐狸之所以犯了两次相同的错误，与它选择"晨曦"和"正午的阳光"作为镜子有关。晨曦不负责任地拉长了它的身影，使它错误地认为自己就是万兽之王，并且力大无穷无所不能；而正午的阳光又让它对着自己缩小了的身影忍不住妄自菲薄。大师笔下的这只狐狸与现实生活中很多孩子的境遇十分相似。不同镜子的成像让孩子难以认识真实的自己。所以，父母要根据孩子的实际情况帮助其识别他人评价的真伪，以免孩子出现自我认知的偏差。

(2) 社会比较。

一名棋手想知道自己的水平怎样，最佳的办法不是听别人如何评价，而是看在比赛中赢了多少局；一个人考了 80 分，这个成绩是高还是低？也要看看其他同学的成绩才能有一个正确的判断。人们为了准确地认识自己，常常需要和他人进行比较，在比较中对自己作出评价。

需要注意的是，父母要提醒孩子寻找合适的比较对象，可以与周围的同学、同伴等相似的人进行横向比较，比较的目的不是盲目攀比，既不能拿自己的缺点去比别人的优点，也不能拿自己的长处去比别人的短处，而是在尊重彼此之间差异的基础上，对自己的能力、性格、兴趣、爱好、特长等进行准确定位，扬长避短，发挥自己的优势，这样才能更好地发展自我，实现人生价值。

（3）内省。

孔子的学生曾参说：“吾日三省吾身：为人谋而不忠乎？与朋友交而不信乎？传不习乎？”用今天的话来说就是：“我每天都要从以下三个方面来反省自己：为人做事是不是尽心竭力了？与朋友交往是不是做到诚实可信了？老师传授的学问是不是真正去实践了？”确实，许多时候人们常根据自己的内部线索如想法、情绪等来了解自己。比如，看到同学的成绩超过了自己，虽然表现得很高兴，但孩子内心的真实写照却可能是妒忌和失落的。

当然，有时通过内省并不能使个体真正了解自己，有许多复杂的心理过程常常不能被自己准确地觉察，以致出现“不识庐山真面目，只缘身在此山中”的局面。

其实，上述方法各有利弊，只有相互配合，才能收到正确认识自我的良好效果。

2）帮助孩子愉快地接受自己

孩子能够认识自己，并不意味着他们就能坦然地接受自己，比如，有的孩子抱怨自己长得胖，有的孩子厌恶自己个子矮，有的孩子嫌弃自己胆子小，有的孩子憎恨自己反应慢……

“金无足赤，人无完人”，任何人都是不完美的。一个人只有欣然接受自己，才能避免心理冲突，唯有接受现实的自我，才能根据社会和时代的需要创造出理想的自我。

悦纳自己是一种心理状态，包括接受自己，喜欢自己，觉得自己独一无二，有价值感、自豪感、愉快感和满足感。悦纳自己与客观环境并不完全相关，有的孩子其貌不扬，但很乐观；有的孩子五官端正，相貌堂堂，却不喜欢自己；有的孩子学习成绩一般，却知足常乐；有的孩子成绩名列前茅，却并不感到高兴。孩子不能悦纳自己的原因主要有：内心有一种高期望值或追求完美，当达不到时，就否定自己；总是拿自己与别人作比较，往往拿自己的不足和别人的优势相比；经常得不到别人的肯定和欣赏，活在消极的评价中，别人的评价影响了自己对自己的认识，于是就否定自我。了解了这些具体原因，父母可以有针对性地帮助孩子积极地悦纳自己。

（1）父母真诚地欣赏孩子。

如果说蛋白质、维生素等是儿童身体成长所必需的营养剂，那么关注、肯定、鼓励、赏识等则是儿童心理发展必不可少的营养剂，它们是儿童满足自尊需要、提高自我悦纳水平的重要元素。诺贝尔文学奖获得者莫言说：“我生来相貌丑陋，村子里很多人嘲笑我，学校里几个性格霸蛮的同学甚至为此打我，我很痛苦。母亲对我说，儿子，你不丑，你不缺鼻子也不缺眼，四肢健全，丑在哪里？”正是母亲对儿子外貌的坦然接受，才使莫言对他人的评价泰然处之。每个孩子都是这个世界独一无二的珍品，都是美丽的，父母首先要懂得欣赏。面对孩子的缺点，恰似面对罗浮宫的维纳斯女神，不因她的断臂而感到不完美，相反，正是这残缺的断臂更能诱发出美好的想象，增强欣赏的趣味。父母的这种接受与肯定的态度会感染到孩子，孩子也会逐渐悦纳自我。

(2) 指导孩子与自身的不完美快乐相伴。

人是一个多维的整体，有的人品学兼优、才华横溢，但长相平凡、身材普通；有的人心地善良、性情温柔，但软弱胆小；有的人聪明伶俐、能言善辩，但唱歌跑调；有的人锐意进取，开拓创新，但不善社交……父母要帮助孩子理解任何人都是优缺点并存的统一体，指导孩子欣赏自己的优点，接受自己的不足，并告诉孩子正因为有缺点，才有努力的空间。同时，要让孩子学会把自身价值与自己的缺点区分开来，就如同键盘敲出了错误的字母和小提琴奏出了不和谐的音符一样，这并不影响它们的使用价值。孩子只要明白了自身的缺点不会使自己变得没有价值，他就能够接受自身的不完美，然后根据自我的实际情况，扬长避短，迈向属于自己的阳光大道。

人生哲学——库利的“镜中我”理论

库利在他1902年出版的《人类本性与社会秩序》一书中提出“镜中我”理论。他认为：一个人的自我观念是在与其他人的交往中形成的，他人对自己的评价、态度等就好像一面镜子，个人通过这面“镜子”认识和把握自己。比如，周围的人都喜欢接近你，对你热情而真诚，即“照出”了你内心善良、人际关系较好等特点。当然，他人评价这面镜子，并非在任何情况下都对自

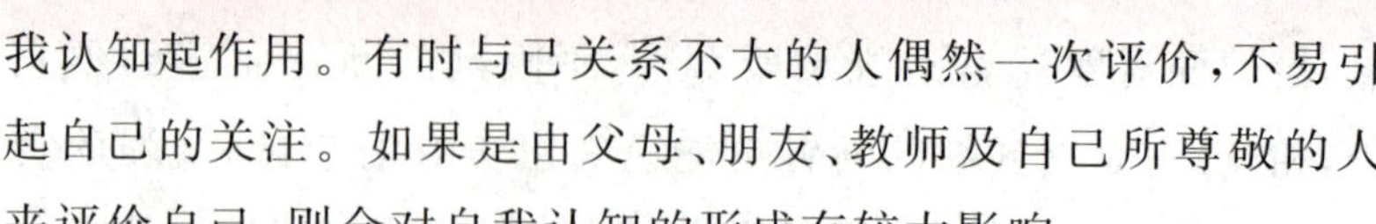

我认知起作用。有时与己关系不大的人偶然一次评价，不易引起自己的关注。如果是由父母、朋友、教师及自己所尊敬的人来评价自己，则会对自我认知的形成有较大影响。

当然，他人镜中的“我”究竟如何，个人与他人的良性互动是其重要的影响因素。在一个幸福美满、父母与子女之间相处和谐的家庭中，父母从实际出发，根据孩子自身的特点进行客观公正的评价，这样的“镜中我”有助于孩子正确地认识自己。而在一个父母与子女之间互动不良甚至没有互动的家庭之中，“镜中我”就会将它的消极作用展露无遗，容易导致孩子产生自我认知的偏差。

孩子由于年龄小，对自己的认识往往不够全面和准确，因此他们格外重视“镜中我”的反馈，常常把“镜中我”作为自我认知的依据。作为父母及教师，一定要意识到“镜中我”在孩子自我概念形成中的重要影响作用，要“时时勤拂拭”自身这面镜子，勿使其沾染尘埃，以便能清晰地“照出”孩子的优点、缺点及各方面的条件，进而引导孩子正确地认识自我，客观地评价自我，并愉快地接纳自我。只有这样，孩子才能充满自信地去迎接机遇和挑战，谱写属于自己的华美乐章。

2. 细心呵护孩子的自尊

“自尊自爱，作为一种追求完美的动力，是一切伟大事业的渊源。”

——屠格涅夫

威廉·詹姆斯是第一个在心理学著作中提出自尊概念的，他在其所著的《心理学原理》一书中提出了一个著名的公式，即自尊＝成功/抱负水平。他认为，个体的自尊水平取决于其实际的成就与潜在的抱负水平之比。这是对于自尊的比较经典的研究，但他的观点对于年龄较小的儿童并不适用，因为儿童还不善于独立地对自己的成就及自身的潜力作准确的自我评价。我国学者杨丽珠等人的研究表明，3～9 岁儿童的自尊结构由重要感、自我胜任感和外表感构成。重要感是指儿童在心理上渴望得到他人的注意、接纳或接受、支持、喜欢而通过言语、身体姿态、面部表情等方式来展示自己，从而获得他人肯定的情感体验。外表感是指从身体外表方面获得的一种价值体验。自我胜任感是指通过自己的能力解决问题而获得的情感体验。自尊的三个维度具有密切的关系。重要感是儿童自尊发展的基础，外表感是儿童自尊获得的重要途径，自我胜任感是儿童自尊发展的最高表现形式。该研究为父母培养孩子的自尊感提供了理论依据。

孩子的自尊主要表现为自我尊重和自我爱护。高自尊的孩子由于情绪高昂，往往能超越自我，以较大的热情去追求某种目标，表现出积极的行为模式。而低自尊如自卑的孩子则常常感觉到压抑、紧张、焦虑，使得他们难以把精力投入感兴趣的活动中，表现出消极的行为模式。自尊的培养是儿童成长过程中最为重要的环节之一，它是健康人格的标志，也是自我发展的有力保障。

案例

父母心中有一个"别人家的孩子"

茫茫宇宙,有一种很神奇的生物,他们不玩游戏,不看电视,长得好看,善良温顺,天天就知道学习,每门课程考试成绩都是第一……不知你是否留意过,曾经有一组名为"别人家的孩子,我讨厌你"的漫画走红网络,引发网友的共鸣。多数网友跟帖表示,自己小时候被父母拿来和"别人家的孩子"比较过,痛恨这个无处不在的攀比对象。

一位初中生说:"从小学开始,父母就总是拿我和'别人家的孩子'比较,这个'别人家的孩子'有时是具体的人,有时是他们虚构的,总之,当我学习放松、退步,或者他们对我有什么新要求的时候,这个'别人家的孩子'就会适时地出现。在我成长过程中,'别人家的孩子'无处不在!也许还会延续到高中、大学。"

父母之所以总是拿"别人家的孩子"来教育自己的孩子,其动机往往是为了激励孩子不断进步,但结果常常事与愿违。因为孩子听到这种言语方式,感受到的不是关爱与鼓励,而是失落与自责,还会产生抑郁、不愉快、沮丧等消极情绪。父母的这种教育行为容易伤害孩子的自尊,不利于孩子未来的发展。

案例反思

案例中那位初中生说:"在我成长过程中,'别人家的孩子'

无处不在!”其实,生活在“别人家的孩子”阴影下的何止他一人,常拿“别人家的孩子”和自己的孩子作比较是当前很多父母的一种“通病”。无论父母说“看看别人家的孩子,再看看你”时是出于何种目的和动机,但孩子听到后,通常会得到“我不如‘别人家的孩子’好”“是不是父母不喜欢我?”等负能量的反馈。这种不断来自至亲的质疑和否定,会让孩子觉得,自己和优秀总是有差距,也让孩子把关注点放在自己的缺点和不足上,无形中放大自己的缺点,导致自尊和自信受到强烈打击。

第一个在心理学著作中提出自尊概念的威廉·詹姆斯说:“人类本性中最深的企图之一是期望被赞美、钦佩、尊重。”希望得到尊重和赞美,是人们内心深处的一种愿望,心理和生理还处在发展阶段的孩子更是如此。所以,一味地打击和盲目地攀比,不仅起不到鞭策孩子的作用,反而无意中会对孩子造成意想不到的伤害。为了孩子身心的健康成长,父母要尽量放下焦虑,尽快让“别人家的孩子”走下神坛,努力去发现自己孩子的优点、闪光点,客观公正地评价孩子,善于认可与肯定孩子,让孩子明白并体验到来自父母的接受与尊重。只有这样,孩子才能正确认识自己,接纳自己,用积极的心态去看问题,更加注重自己的优点与长处,增强自尊与自信,从而在不断的成功体验中获得自我价值感,昂首阔步踏上人生的征程,走出自己独特的风采。

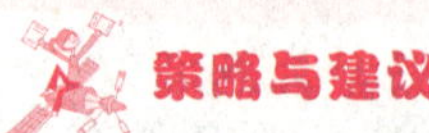

策略与建议

自尊是孩子快乐成长不可或缺的重要品质。孩子自尊感的发展与父母的教育培养密切相关。孩子的自尊是心灵的保护层，一旦受到损伤，犹如树苗的表皮被剥去一样，树苗最后可能因此而枯萎。然而，不少父母的许多不当做法，却在时时伤害着孩子的自尊。

生活中，每位家长都能或多或少地意识到孩子的自尊心要从小培养，都知道要尊重孩子、宽容孩子、理解孩子、鼓励孩子等以保护孩子的自尊。但是当父母面对尊重、宽容、理解和鼓励等这些抽象词汇和生活中的琐碎时，难免会迷茫，到底该怎样做才能保护和培养孩子的自尊呢？

1）无条件地接纳孩子

无条件地接纳孩子是指父母全盘接纳孩子的优点和缺点，尊重孩子的身心发展规律，充分发挥孩子的优势特长和最大潜能，正视并坦然接受孩子之间的个体差异，无条件地关爱孩子。这种接纳会使孩子产生很强的安全感。孩子一旦有了安全感，自尊、自爱、自信、自在的感觉就会油然而生。不管他有什么样的优势与不足，也不管他做事成功还是失败，因为有父母无条件地接纳这一坚强后盾，他都会有力量面对真实的自己，对自己持有肯定的态度，相信自己是有能力和价值的，并且他还能够把自身的价值与缺点区分开来，不因某个缺点而妄自菲薄。“接纳”是父母教育孩子需要具备的基本理念和态度。也许“接纳”本身不是一种具体的方法，但态度影响行为。“接纳”会让父母与孩子建立起亲密的亲子关系，使父母变得更从容,孩子也会成长为更好的自己。

2）充分信任孩子

研究表明,父母的信任对孩子良好心理品质的形成具有积极的鼓励作用,是孩子实现自我价值的内驱力。陶行知说:“教育孩子的全部秘密在于相信孩子和解放孩子。”信任的基础是父母把孩子当作一个独立的个体,认识到自己的孩子不需要和别人去比较,他只需要在安全的环境、足够的时间和空间按照自己的节奏去成长。信任孩子的父母在陪伴、呵护孩子的同时会慢慢放手,凡孩子力所能及的事情,他们绝不包办代替;凡孩子能够自己思考的问题,他们绝不越俎代庖;凡孩子有独立尝试的愿望时,他们一定会不遗余力地支持……信任意味着父母给予孩子充分的锻炼机会,把游戏、生活、学习的权利和责任交给孩子,相信孩子有能力安排好自己的事情。

作为父母,谁也无法陪孩子走完一生的路途,也无法替他遮挡所有的风雨。孩子的生命旅程,很多时候只能依靠自己独立前行,父母所能做的就是当孩子遇到困难时,伸出援手帮助他;当孩子遇到挫折时,亮出臂膀支持他;当孩子遭到失败时,敞开胸怀拥抱他。充分的信任不是放手不管,而是稳稳地站在孩子身后,当他需要时,一回头就能看见你。信任是一条风筝线,把父母和孩子紧紧地连在一起,因为知道线的那头永远有给他托底的人,孩子才敢放心大胆地展翅飞翔。信任是父母送给孩子最宝贵的礼物。被父母信任的孩子,更容易被命运宠爱。

3）为孩子创设体验成功的机会

成功的体验是孩子获得积极自我评价的基础,是儿童自尊

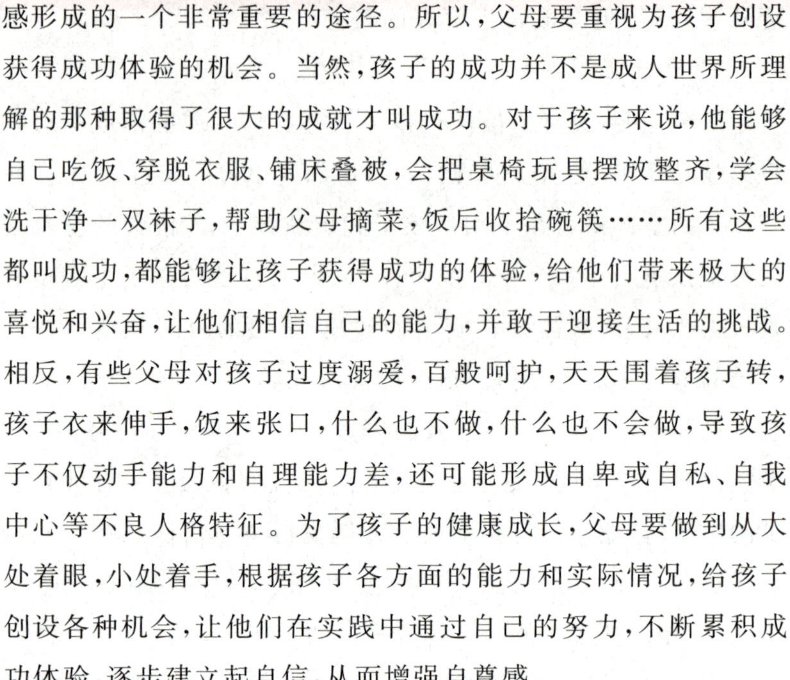

感形成的一个非常重要的途径。所以，父母要重视为孩子创设获得成功体验的机会。当然，孩子的成功并不是成人世界所理解的那种取得了很大的成就才叫成功。对于孩子来说，他能够自己吃饭、穿脱衣服、铺床叠被，会把桌椅玩具摆放整齐，学会洗干净一双袜子，帮助父母摘菜，饭后收拾碗筷……所有这些都叫成功，都能够让孩子获得成功的体验，给他们带来极大的喜悦和兴奋，让他们相信自己的能力，并敢于迎接生活的挑战。相反，有些父母对孩子过度溺爱，百般呵护，天天围着孩子转，孩子衣来伸手，饭来张口，什么也不做，什么也不会做，导致孩子不仅动手能力和自理能力差，还可能形成自卑或自私、自我中心等不良人格特征。为了孩子的健康成长，父母要做到从大处着眼，小处着手，根据孩子各方面的能力和实际情况，给孩子创设各种机会，让他们在实践中通过自己的努力，不断累积成功体验，逐步建立起自信，从而增强自尊感。

人生哲学——罗森塔尔效应

自尊的核心是对自我价值、能力的认可与肯定。自尊的获得有向内性和向外性两个途径，即既需要自己对自己的肯定，又需要外界对自己的肯定。但是，自尊不是盲目地肯定自己，而是客观地接纳自己，承认自己在某些方面不如别人，也认可自己在某些方面的优势。研究发现，父母的教养方式直接影响孩子自尊的形成与发展。父母对孩子采取“温暖与理解”的教养方式会提高孩子的自尊水平。这类父母从不依靠暴力、羞辱或讥笑来操控孩子，而是认真对待孩子的欲望和需求；他们更多地依赖于褒奖，增进孩子的积极行为；他们对待孩子的态度不是“什么样都行”，而是有较高的标准与期望，并以尊重、善意和舒心的方式表达出来。这样的教养方式让孩子体会到父母的信任、关心、支持、鼓励、引导、磨炼、适度期望、严格要求等，推动孩子尽最大的努力不断上进。相反，父母对孩子采取“惩罚与严厉”“拒绝与否认”和“过度保护”等教养方式，则往往会给孩子带来挫败感，不同程度地阻碍孩子自尊的发展。

为什么“温暖与理解”的教养方式会促进孩子自尊的发展？关键是由于父母对孩子满怀期望的激励。关于期望的激励作用，美国心理学家罗森塔尔等人曾于1968年做过一个非常著名的实验。他们到奥克小学，在一至六年级各选三个班的儿童进行煞有介事的“预测未来发展的测验”，然后实验者将认为有“优异发展可能”的学生名单通知教师。其实，这个名单并不是根据测验结果确定的，而是随机抽取的。8个月后，再次智能测验的结果发现，名单上的学生不但在学习成绩和智力表现上均有明显进步，而且在兴趣、品行、师生关系等方面也都有了很大的变化。人们把这种现象称为“期望效应”，也叫“皮格马利翁效应”，又叫“罗森塔尔效应”。

罗森塔尔认为，他们提供的“假信息”之所以最后出了“真效果”，主要原因是“权威性的预测”引发了教师对名单上学生的较高期望，然后教师有意或无意地通过态度、表情、体谅和给予更多提问、辅导、赞许等行为方式，将隐含的期望传递给这些学生，学生则给教师以积极的反馈。这种反馈又激起教师更大的教育热情，维持其原有期望，并对这些学生给予更多关照。如此循环往复，以至这些学生的智力、学业成绩以及社会行为都朝着教师期望的方向靠拢，使期望成为现实。

罗森塔尔的实验虽然是在教师与学生之间进行的，但同样适用于家庭教育。“罗森塔尔效应”给父母的启示是：赞美、信任和期待具有一种能量，它能改变人的行为，当一个人获得另一个人的信任、赞美时，他便感觉获得了社会支持，从而增强了自我价值，变得自信、自尊，获得一种积极向上的动力，并尽力达到对方的期待，以避免对方失望，从而维持这种社会支持的连续性。对于孩子来说，父母的期待就像一对隐形的翅膀，让他拥有希望和梦想，可以带他去飞翔。反之，父母若向孩子传递消极的期望，如经常用尖刻的语言奚落、讽刺、挖苦孩子：“你怎么这么没出息！”“你真是猪脑子！”“你为什么成绩这么差！”“你简直一无是处！”……父母的本意是激励孩子奋发向上，但收到的效果却是孩子的自尊被摧毁，自信被打击，智慧被扼杀，甚至自暴自弃，放弃努力。

当然，不是父母任何积极的期望都会变成现实，如果期望结果违背了孩子身心自然发展的规律，不符合孩子自身的特点，超出了孩子的能力范围，那么这种期望就是水中花、镜中月，不但没有实现的可能性，而且会给孩子带来无望、无奈和恐惧。所以，只有那些顺应孩子实际发展水平的适度期望，才能让孩子保持良好的自尊状态，以轻松愉快、不卑不亢的精神面貌在人生的舞台上做好自己的主角，演绎出自己的精彩。

3. 帮助孩子建立自信

“吾心信其可行，则移山填海之难，终有成功之日；吾心信其不可行，则反掌折枝之易，亦无收效之期也。”

——孙中山

自信是人们相信自己，追求自我，实现自我价值的积极的心理倾向，是人类健康的核心。它可以充分调动人类的潜能，将他们各方面的能力发展到最佳状态。英国著名剧作家萧伯纳说：“有信心的人，可以化渺小为伟大，化平庸为神奇。”不是因为有些事情难以做到，我们才失去自信；而是因为我们失去了自信，有些事情才显得难以做到。可见，自信是一个人成长所必备的良好心理素质和健康的个性品质，是一个人获得成功的精神支柱，是促使一个人充满信心去面对困难，努力实现自己愿望而自觉采取行动的心理动力源泉。

乔布斯的自信成就了苹果，马云的自信成就了阿里巴巴，张朝阳的自信成就了搜狐，李彦宏的自信成就了百度等，众多的案例不胜枚举。列夫·托尔斯泰曾经说过：“决心即力量，信心即成功。”由此可知，信心是力量的源泉，是成功的基石。也正如范德比尔特所说：“一个充满自信的人、事业总是一帆风顺的，而没有信心的人，可能永远不会踏进事业的门槛。”一个人在人生的道路上能走多远，在人生的阶梯上能爬多高，在人生的战场上能取得多大成就，除了其他因素外，最关键的因素就是他的自信。

升起你的氢气球

美国著名的心理学家基恩博士讲过一个故事。

一天，几个白人小孩正在公园里玩耍，这时，一位卖氢气球的老人推着货车进了公园。白人小孩蜂拥而上，每人买了一个，兴高采烈地追逐着放飞在天空中的色彩艳丽的氢气球。

在公园的另一个角落里躺着一个黑人小孩，他羡慕地看着白人小孩嬉戏，不敢过去和他们一起玩儿，因为他很自卑。等白人小孩的身影消失后，他才怯生生地走到老人的货车旁，用略带恳求的语气问道："您可以卖一个气球给我吗？"老人用慈祥的目光打量了他一下，温和地说："当然可以，你要一个什么颜色的？"

小孩鼓起勇气回答："我要一个黑色的。"脸上写满沧桑的老人惊讶地看了看黑人小孩，随即给了他一个黑色的氢气球。小孩开心地拿过气球，小手一松，黑色的氢气球在微风中冉冉升起，在蓝天白云的映衬下形成了一道别样的风景。

老人一边眯着眼睛看气球上升，一边用手轻轻地拍了拍黑人小孩的后脑勺，说："孩子，记住，气球能不能升起，不取决于它的颜色、形状与大小，而在于气球内是不是充满氢气；同样，一个人能不能成功，不取决于他的种族、出身与肤色，关键是他心中有没有自信！”

这个黑人小孩就是基恩博士。

案例反思

法国哲学家爱尔维修有句至理名言：“即使是普通的孩子，只要教育得法，也会成为不平凡的人。”对于每个孩子来说，自信心是他们生命中的一把火炬，高擎着它就能让孩子将自己人生之路的每一处照亮。自信的幼苗萌发于孩童时期。在生命降生之初，孩子是没有自我意识的，他们甚至不能意识到自己和外界事物的区别，他们经常吮吸自己的手指，就像吮吸自己母亲的乳头一样津津有味，因为他还生活在主体和客体尚未分化的状态之中。但随着身心的发展，孩子逐渐意识到自己是一个主体，学会了用代词“我”来代表自己，与外界的联系也越来越密切，开始由外部世界的反馈来认识自己。由于外因作用的差异，导致孩子心态朝不同方向倾斜。经常得到鼓励、肯定、信任与尊重的孩子，其心态就倾向于自信；总是受到讽刺、挖苦、嘲笑与打击的孩子，其心态就倾向于自卑。

策略与建议

自信是对自己能力的充分估量，是对自我实力的高度认可，是一种来自心底的无形力量，是开启孩子未来之门的金钥匙。所

以，在教育孩子的过程中，父母要注重孩子自信心的培养。

1）尊重孩子

鲁迅先生讲过一句颇为深刻的话，对于孩子“小的时候不把他当人，大了以后，也做不了人”。意思是告诫成年人，要尊重孩子，把孩子作为一个独立的个体来看待。尊重孩子包括尊重孩子的基本权利、遵循孩子成长发展的自然规律、尊重孩子的独立意识和自我意识、给孩子一定的自由空间、正视孩子之间的差异等。一句话，作为父母，要放下架子，把自己放在与孩子平等的位置上，努力寻求与孩子心理上的沟通和默契。长此以往，不仅有助于培养孩子的自尊心和自信心，孩子由此也学会了尊重父母与他人。

2）坚持正面教育为主

正面教育是指父母运用正确的教育理念和方法，对孩子进行教育时做到晓之以理、动之以情、导之以行，避免采用禁止、训斥、责骂、殴打等“高压”手段教育孩子。无数事实证明，那些阳光自信、积极向上的孩子，往往与他们所受的正面教育有密切关系。

3）给孩子积极的心理暗示

心理暗示是用含蓄、间接的方式，对别人的心理或行为产生影响。暗示作用往往会使别人不自觉地按照一定的方式行动，或者不加批判地接受一定的意见或信念。父母对孩子进行的积极心理暗示，如“你唱歌真好听，有当歌唱家的潜质呢”“你画得很好，我喜欢”“你写的字比原来进步多了”等，就像一阵润物无声的细雨，悄悄滋润着孩子稚嫩的心灵，可以让孩子增加力量、勇气、信心，从而使行为结果更加完善；相反，消极的心理暗示如

“你真笨”“你反应为什么总是比别人慢”“你太胆小了”等，则会使孩子变得自卑、气馁、忧郁，导致行为结果更加不尽如人意。

人生哲学——我能行

苏联教育家苏霍姆林斯基曾经说过一句富含哲理的话：“要让每个孩子都抬起头来走路”。“抬起头来”意味着对自己、对所要做的事情、对未来充满信心。任何一个人，当他昂首挺胸、大步前进的时候，在他心里都会有诸多的潜台词——“我能行”“我的目标一定能达到”“我会干得很好的”“小小的挫折对我来说不算什么”……假如每一个孩子都有这样的心态，他们一定能不断地取得进步，快乐地成长，迈向幸福的人生。

4. 教育孩子保持乐观的情绪

“一个人如果能让自己经常维持像孩子一般纯洁的心灵，用乐观的心情做事，用善良的心肠待人，光明坦白，他的人生一定比别人快乐得多。”

——罗曼·罗兰

随着积极心理学的发展，乐观作为一种积极的人格特质逐渐引起了学术界的广泛关注。“乐观是指人们期待社会未来能朝向人们所期望的好的方面或愉快方面发展的一种情绪或态度。乐观是一种人格特质，其理论核心是个人对未来事件的积极期望，相信事件的好结果是有可能发生的，表现为一种积极的解释风格。”[1]乐观人格突出表现为自信乐观、表达自如和耐受挫折等特质。乐观的人往往能够积极地看待挫折，辩证地对待得失。拥有乐观人格的人，不仅较为健康，而且婚姻生活较为幸福，事业上也较容易获得成功。

乐观，既是一种心态、一种情绪，更是一种素质、一种智慧。乐观的孩子活泼可爱，思维活跃，性格随和，容易相处，责任感强，他们遇事常向光明处看，不往黑暗处钻，对未来充满希望，遇有烦恼能自行解脱。

兄弟俩的态度

有一次，美国加州某学校要举行戏剧表演，号召同学们踊跃报名。杰米和弟弟汤姆也参与了选拔，两人都信誓旦旦、志在必得，认为自己会分派到戏剧中的某个角色，然后在舞台上一展风采，然而，他们都落选了。放学后，母亲去接他们，杰米先走出了校门，告诉母亲他没有被选上。母亲正想安慰他，杰米却高兴地说：“妈妈，我虽然没有被选上，可是我可以在台下鼓掌和欢呼啊。”汤姆慢吞吞地走出校门，脸上挂满了沮丧，无限悲伤地对母亲说：“妈妈，我太痛苦了，我没有被选上，只能当无聊的观众了。”

---

① 李奕慧，唐宏. 论乐观研究的现状及前景[J]. 湘南学院学报，2009(1)：108-111.

案例反思

这个案例说明乐观之于人生，是浮荡在地平线那袅袅升起的热望与希冀，是普照生灵的不息阳光，更是寻得一份旷达与美好的铺垫和勇气。在乐观中撷取一份坦然，你的面前就会盎然多彩；在悲观中摘下一片沉郁的叶子，只能瓦解你积攒的力量。

案例中杰米和汤姆对母亲说的话表明他们的人格特质不同，杰米持积极、乐观的人格特质，认为当观众也是幸福、快乐的事情；而汤姆持消极、悲观的人格特质，突出表现是沮丧悲伤，认为当观众很无聊，为没有选上而感到痛苦。

同样在我们的现实生活中，常常也会面临这样的情景，对待同一种刺激，有的人拥有乐观的人格特质，有的人拥有悲观的人格特质，其行事结果可能就会截然不同。其实，成功永远属于那些具有乐观人格特质并付诸行动的人。

策略与建议

上面的案例告诉我们——乐观是人格中重要的积极心理资源，乐观作为个体对现实和未来的积极态度和人格倾向可对个体的认知、情感和行为产生深刻影响。美国儿童心理学家经过多年的研究发现，注重培养孩子乐观的性格，有利于孩子的健康成长。父母可尝试通过以下方法培养孩子的乐观心态。

1）帮助孩子调整认知方式

有这样一个笑话：三个人去抽签，他们都抽到了下下签，第一个人抽完了以后很难过，回去在家里休养了将近 20 多天才慢慢恢复过来；第二个人抽完之后直接把下下签扔出去，重新抽；第三个人抽完说："怪不得我最近老倒霉了，原来是这个原因，今天抽完了以后就会好了。"同样是下下签，为什么三个人的感受会如此不同呢？关键是这三个人对下下签的认识不同。其实，世界上任何事情都是一分为二的，没有绝对的好与坏，关键是人们站在哪个角度来看。很多时候，我们并不是看到现实，而是自己对所看到的东西做出解释。所以，父母要引导孩子遇事常往积极方面想，正确看待人生的得与失，教育孩子不必将一时的挫折看成是永久的失意，让孩子明白"山穷水尽"只是"柳暗花明"的前奏而已。

2）鼓励孩子多与同龄人交往

一个拥有乐观性格的人，往往同时拥有真挚的友谊。因此，在培养孩子乐观性格的过程中，父母不要总是把孩子关在家里，要让孩子多与同龄人玩耍，通过玩耍，让他与同龄人建立友谊，学会处理朋友之间的关系，让他们在其中学会如何愉快、融洽地与人交往，通过交往养成乐观性格。

3）引导孩子学会摆脱困境

即便是天性乐观的人也不可能事事称心如意。孩子在成长的过程中，不可能都是一帆风顺的，总会遇到各种各样的困难或挫折，中国古语有"人之不如意，十有八九"，法国作家大仲马也曾说过："人生是一串无数小烦恼组成的念珠，达观的人总是笑着捻完这串念珠的。"因此，在平时的家庭生活中，父母要注意教给孩子一些应对困境的方法，如鼓励孩子接受挑战、转换看待问题的视角、合理地管理时间、加强体育锻炼、进行放松练习、采用精神发泄法、主动寻求他人帮助等，这些方法有助于孩子尽快走出困境或虽身处困境仍能乐观向上。

人生哲学——笑对人生

美国著名心理学家马丁·塞利格曼认为，乐观是一种"迷人"的性格特征。乐观是一种处世哲学，也是一种积极的生活态度。正如同样面对半杯水，乐观的人会说："太好了，还有半杯水。"悲观的人会说："唉，怎么只剩下半杯水了。"面对半杯水，乐观的人是对现实的满足，是对事物的欣赏；而悲观的人看到的是不足，是缺憾。

在日常生活中，万事如意只是一种良好的祝愿。万事都按自己的主观愿望发展是不可能的，有如意之事必然就会有不如意之事，人生旅途中的种种不顺、失败、无奈都需要我们勇敢地面对。乐观的人总能在危难中看到有利于自己的机会，悲观的人总能在机会中看到不利于自己的危难。想做前者其实并不难，只需要在看到阴影时及时转身。

乐观的情绪是幸福的源泉，是健康的钥匙，是友谊的桥梁，更是通向成功征途的无穷力量。希望每一个孩子都能保持积极向上的乐观心态，笑对人生。

5. 让宽容充盈孩子的心灵

"宽容就像天上的细雨滋润着大地，它赐福于宽容的人，也赐福于被宽容的人。"

——莎士比亚

所谓宽容，《现代汉语词典》将之界定为"宽大有气量，不计较、不追究"。这种释义将"宽容"作为"宽宏大量"的代名词，强调的是人的一种气度，是在人际交往中对他人的过错、他人对自己的冒犯等不良言行予以容忍。《辞海》将"宽容"解释为"宽恕，能容人"。由此可以看出，在现代汉语语境中，"宽容"多指人际交往中的一种"态度"或"心态"，尤其是对他人的缺点、过错等不良言行的包容。在英文中，"宽容"一词的理性色彩相对较浓。《大不列颠百科全书》对"宽容"的释义是："容许别人有行动和判断的自由，对不同于自己或传统的见解的耐心公正的容忍。"这种解释说明"宽容者"与"被宽容者"之间的不同不是品行、人格方面，而是见解的不同。[①]《布莱克维尔政治学百科全书》则把"宽容"界定为："一个人虽然具有必要的权利和知识，但是对自己不赞成的行为也不进行阻止、妨碍或干涉的审慎选择。"也就是说，英文中"宽容"的对象为"不同"的"言行"，而非"不对"的"言行"。哲学视野中的"宽容"则是"一种建立在

① 冯建军，马苗苗. 多元社会宽容的价值与宽容教育[J]. 当代教育与文化，2009(3)：38.

对人与世界的多样性、真理的相对性与人性的多面性自觉意识基础上的理性和明智的思维方式、行为方式与人生态度，是在处理人际关系所存在的差异、矛盾和冲突时所表现出的一种成熟通达的美德和境界”①。心理学视域下的“宽容”是上述几种观点的综合，既包括“容人之过”，也包括“容人之异”。

宽容是一种做人的雅量，是一种文明的标志，更是一种生存的智慧。它体现了一个人达观的生活态度和博大宽广的胸怀。宽容是健全人格的必备要素。孩子只有学会了宽容，才会真正懂得理解和尊重他人，才有爱人之心和容人之量，成为一个识大体、顾大局、受欢迎的人。正如富兰克林所言：“宽容中包含着人生的大道理，没有宽容的生活，如在刀锋上行走。孩子，如果美德可以选择，请先把宽容挑选出来吧！”

案例

委屈的小雅

小雅是一个活泼开朗的孩子，虽然刚上二年级，但已经是老师的好帮手、同学的好伙伴和父母的贴心人了。一天，小雅回到家闷闷不乐，晚饭也吃得很少。妈妈发现她不对劲，就在小雅睡觉前坐到了她的床边：“我的小乐天派，今天怎么了？”“没事！”“有什么不高兴的事吗？分给我一半，你的不舒服就会少一些。”小雅听了妈妈的话，一下子扑到妈妈怀里，痛哭起来。等小雅情绪稳定了一些，才将心中的不

① 贺来．宽容意识[M]．长春：吉林教育出版社，2001．

快一一道出。原来，今天自习课上写作业时，小雅不小心碰了同桌小宇一下，小宇的作业本被划出了一个破洞。小宇平时就是个比较顽劣的男孩，遇此情况，回手撞了小雅一下。力度很大，撞得小雅肚子很疼。小雅的眼圈立刻红了，可小宇还不依不饶："你先撞我的，活该！"听了这话，再想想自己以前帮小宇补课、讲题、借给他学习材料等种种对他的帮助，小雅的眼泪立刻流了下来。为什么自己对小宇这么好，可换来的却是这样的结果呢？小雅想不明白，觉得自己很委屈："妈妈，我不是故意撞他的，我也准备立刻跟他说对不起，可他……"小雅哽咽着。是呀，现在的孩子怎么都沾不得、碰不得呢。妈妈陷入了深深的思考中……

（资料来源：高曹楚凡家长. 如何培养孩子宽容大度的品格[DB/OL]. https://wenku.baidu.com/view/4efa875bb207e87101f69e3143323968011cf4a8.html）

案例反思

案例中小宇与小雅的表现，反映出两个孩子在宽容这一人格特征方面的差异。小宇把自己看得非常重要，我行我素、不顾及他人、自己不能受半点"委屈"，即使是别人的无心之过，也不能容忍，缺乏对他人的理解、尊重和包容。反观小雅，对伙伴友好、大度，有爱心。面对同桌不太善意的"冒犯"行为，她没有选择针锋相对地回击，而是采取了相当克制的态度。

宽容是迄今为止人类所发现的化解矛盾、实现人与人融洽相处、合理交往、平衡互动、走向和谐的最有效办法。正所谓遇事退一步，海阔天空；凡事论曲直，路窄林深。当孩子与他人发生矛盾时，只要不是涉及违背道德、违反纪律和法律等是非原则的问题，对小是小非、没有严重后果的个人冲突、无意的过失等，父母要教育孩子尽量不去计较。同时，也要告诉孩子，原谅不是放纵，原谅是有尺度的。倘若案例中的小宇在被小雅原谅以后还是明知故犯，那就不再值得原谅。因为没有尺度的原谅，不仅不能让对方知错，反而会放纵他的错误，结果就变成了助纣为虐。

策略与建议

古人常说"将军额上能跑马，宰相肚里好撑船"。宽容可以唤醒人们的理解、尊重、包容意识，化解矛盾和纷争。宽容是一种非常珍贵的人格特质，也是一项被世人公认的美德。富有宽容心的孩子往往心地善良，性情温和，惹人喜爱，受人拥护，而缺乏宽容心的人往往性情怪诞，易走极端，不易与人相处，因而人际关系常常不好。为了给孩子未来的发展打下扎实基础，父母要重视培养孩子宽容大度的品格。

1）父母身体力行

父母的一举一动，一言一行，每时每刻都在影响着孩子。黎巴嫩诗人纪伯伦曾说："如果父母是张弓，孩子就是搭在弓上的箭。"孩子将来射向哪里，无疑将受父母这张"弓"的直接影响。孩子最初是从父母那里学习待人接物方式的。父母宽容、大度、遇事不斤斤计较，与邻里、同事之间融洽相处，孩子就会学着父母的样子处理同伴之间的关系，也会变得包容、好善、乐于与人相处。

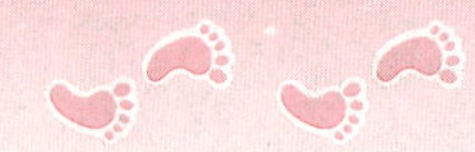

相反，如果父母心胸狭窄、小肚鸡肠，孩子耳濡目染就会变得锱铢必较、睚眦必报。长此下去，不利于孩子的社会性发展。

2）让孩子学会接受差异

孩子因为年龄小，受自身认识水平的限制，常常以自我为中心来看待周围的世界，以自己的一把尺子作为标准去衡量他人的言行，对个体的丰富性、多样性、差异性缺乏足够的了解。在漫长人生旅途的开端，父母应该让孩子明白：人与人之间不仅有高矮、胖瘦的区别，在生活方式、思维方式、兴趣爱好等方面也各不相同；每一个生命都是独一无二的，都是这个世界的绝版珍品；多元化是人类社会存在和发展的动力，正是人类本身的这种千差万别才能使人类更容易适应复杂的环境。当孩子明白了彼此尊重、不强求别人的道理后，他就能以理解与关爱的态度去接纳和包容他人。

3）正确对待孩子之间的矛盾

孩子不能缺少玩伴，孩子之间又极易产生矛盾。能否正确对待孩子之间的矛盾，对培养孩子的宽容品质十分重要。正确的做法是，当孩子与同伴有了矛盾时，如果过错主要在自家孩子，应该让孩子主动向对方认错；如果自家孩子吃了亏，过错又主要在对方身上，也不能表现出过分的激动和不平，更不要轻易地去为孩子“讨个说法”。而是在宽慰孩子的同时，分析矛盾产生的原因，教给孩子避免矛盾的方法和解决矛盾的途径，而不是去争个“强弱”，比个“高低”。介入孩子矛盾中时，家长应该是和解使者，而不是法官或者陪审团。孩子之间的冲突大多是暂时的，并不存在原则上的敌意，往往今天吵架明天就会和好,在这一过程中相互磨合,学会了彼此宽容对方。当然,父母也要告诉孩子,远离那些行为不良的孩子,减少交往或不与之交往,以免受到不必要的伤害。

人生哲学——海纳百川,有容乃大

法国大文豪雨果有句名言:“世界上最宽阔的是海洋,比海洋更宽阔的是天空,比天空更宽阔的是人的胸怀。”马克·吐温也曾说过:“一只脚踩扁了紫罗兰,它却把香味留在了你的脚底,这就是宽容。”生活中人与人之间需要宽容,紧握拳头,抓住的只是空气;伸开五指,触摸到的是整个世界。我们常说人生不容易。所谓容易,能容则易,容是肚量,容是睿智,有容乃大,能容则刚,能容则强。能容则能爱,能爱则事无难事,一切皆易。宇宙收容每一颗星星,故天空广阔无垠;大海收容每一条细流,故海洋浩瀚无边;大山收容每一粒石子,故能成就雄伟壮观之势。宽容已成为当今社会处理人际关系的重要准则。具备宽容品质的孩子,因为有了海纳百川的胸怀和气度,其生命中便注入了巨大的力量,推动着他形成豁达、洒脱的生活态度,展现与众不同的人性光辉,书写独一无二的生命华章。

6. 重视培养孩子的自制力

“自制是一种秩序,一种对于快乐与欲望的控制。”

——柏拉图

自制属于自我意识中的自我监控系统,是自我控制的重要

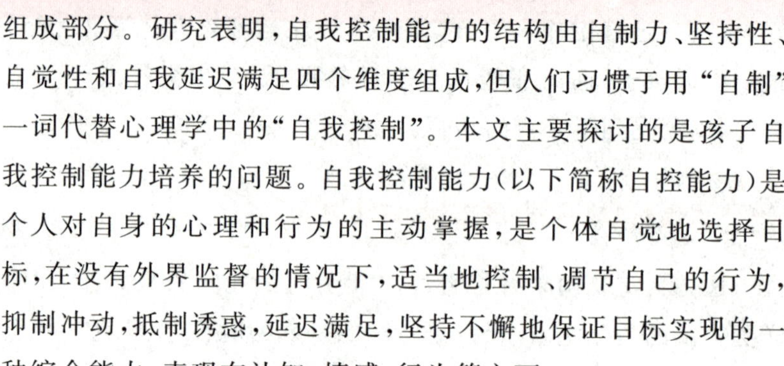

组成部分。研究表明，自我控制能力的结构由自制力、坚持性、自觉性和自我延迟满足四个维度组成，但人们习惯于用“自制”一词代替心理学中的“自我控制”。本文主要探讨的是孩子自我控制能力培养的问题。自我控制能力(以下简称自控能力)是个人对自身的心理和行为的主动掌握，是个体自觉地选择目标，在没有外界监督的情况下，适当地控制、调节自己的行为，抑制冲动，抵制诱惑，延迟满足，坚持不懈地保证目标实现的一种综合能力，表现在认知、情感、行为等方面。

自控能力不仅在儿童早期的心理发展中占据重要地位，而且对他们今后的发展也会产生深远影响。试想，一个人倘若没有自控能力，就像一辆刹车失灵的汽车，行驶在路上后果不堪设想。古往今来，凡是成功人士，往往都有一个共性特质：善于自我控制，坚持不懈地去实现既定目标。例如，儿童时期的德国音乐家巴赫多次徒步行走 90 多里路，就是为了去汉堡听一位管风琴大师的演奏，这么长的路途，他一直坚持步行往返，除了他对音乐的热爱以外，其超强的自我控制能力也令人十分敬佩。大量研究表明，自我控制是个体自我发展、自我实现的前提与保证，孩子自我控制水平的高低与其未来的学业、事业发展、人际交往乃至健康问题等都有着密切的联系。

案例

棉花糖实验

2018 年 9 月 12 日，美国著名心理学家沃尔特·米歇尔离开了人世，享年 88 岁。也许你还不知道他是谁，但你绝对听说过那个关于延迟满足的“棉花糖实验”，而沃尔特·米歇尔就是那个实验的设计者。他用了毕生精力研究自我控制能力，并将“棉花糖实验”追踪了半个世纪。通过这项实验，他告诉人们怎么抵挡诱惑，然后让自己能够拥有一个持续幸福的人生。下面是他的“棉花糖实验”简介。

“棉花糖实验”起始于20世纪60年代，其研究对象是斯坦福大学宾恩幼儿园(Bing Nursery School)的学龄前儿童。受试的学龄前儿童将面临一个艰难抉择：是马上吃到眼前桌子上的一颗棉花糖，还是等待一段时间后，吃到两颗？这个实验的目的是“观察学龄前儿童如何发挥自控力去等待他们迫切得到的棉花糖”。换言之，学龄前儿童究竟如何实现自我控制？

实验开始时，研究者让孩子们从不同种类的食品中选出他们最喜爱的，包括棉花糖、曲奇饼、小脆饼、薄荷糖等。比如，艾米选择了棉花糖，她就会独自坐在桌旁面对着一颗立刻就能拥有的棉花糖的诱惑，但如果她能控制住自己，不吃眼前这颗棉花糖而等待20分钟，那么她就可以拥有两颗棉花糖。在棉花糖旁有一个小按铃，艾米可以在任何想吃掉它的时候按下按铃，唤回研究人员；当然她也可以等待研究人员自己回来。研究人员回来时，如果艾米没有吃掉那颗棉花糖，那么她就可以得到两颗棉花糖。

在等待期间，研究者通过单面镜对实验室中的幼儿进行观察，结果发现：有些孩子只等了一会儿就不耐烦了，迫

不及待地吃掉了棉花糖，是“低延迟者”；有些孩子却很有耐心，还想出各种办法拖延时间，比如转过身去、闭上眼睛，或把手放在屁股底下压着，或自言自语……最终顺利完成了20分钟的等待，是“高延迟者”。后来，研究人员在参加实验的孩子到了青少年时期，对他们的家长及教师进行了调查，结果表明，4～5岁的孩子等待的时间越长，他们后来的SAT（美国高考）成绩就越高，他们在青春期的认知能力和社交能力也越强。那些在“棉花糖实验”中等待时间更长的孩子，在他们27～32岁这个年龄段有较低的体重指数和更好的自我价值感，能够更有效地追求自己的目标，有更好的适应能力并且能有效地应对沮丧和压力。而当人到中年时，在肥胖和成瘾等方面，那些能够一直等待（“高延迟”）的人，相对于那些不能等待（“低延迟”）的人，其脑部扫描的结果也明显不同。

“棉花糖实验”使米歇尔成为延迟满足和自我控制研究的鼻祖。米歇尔教授的这个研究迅速吸引了公众的关注，使得很多人以为孩子的自控能力决定了他未来的成就。当然，这样的简单化结论并不是米歇尔教授的本意，他声明二者之间是一种相关关系，很难说是一种因果关系。

案例反思

“棉花糖实验”的结论是个体早期形成的延迟满足和自控的习惯与未来的发展有重要的相关关系。2018年5月25日，纽约大学的泰勒·瓦特、加州大学的葛瑞格·邓肯和权浩南，在心理学领域的顶级期刊《心理科学》上发表了一篇论文，推翻了“棉花糖实验”的结论。他们以美国10个不同地区招募的刚出生孩子作为观察对象，记录这些孩子各个维度的数据，比如说宗教、种族、父母的教育程度、家庭背景，还有孩子自身的相关能力数据，包括记忆力、解决问题的能力、语言交流的能力等，从这些孩子的童年一路追踪到他们的青少年时期。研究发现，在引入了更多变量之后，原来的实验结论就不成立了。当年的“棉花糖实验”，只有不到90个孩子，这些孩子还都来自斯坦福校园里的幼儿园，也就是说，这些孩子有着相似的家庭背景，享受着同样程度的教育。而在新的实验中，研究者把实验范围扩大到了超过900个孩子，孩子父母的背景更加多样化，高低学历都有，还纳入了更多的变量因素，新实验的结论是“孩子能否取得成功，并不取决于延迟满足的能力，而是取决于孩子背后的家庭。”他们发现：“生活在稳定有安全感环境中的孩子更容易有自制力，而经常被欺骗、需求经常不能满足的孩子就很难控制自己的欲望、冲动和本能，也更愿意去享受当下。”

尽管“棉花糖实验”饱受争议，但一个研究的价值不在于其对错，而在于能将我们认识世界的进程推进多少。实验从未停止，谁也不知道下一步我们又能得到哪些结论。正如米歇尔教授所认为的那样：“棉花糖实验”之所以能够持续半个世纪，绝不是简单的能否等待的问题，更不是一颗还是两颗棉花糖的奖赏，而是揭开人生命运的奥秘。因为延迟满足和抵御诱惑的能力已经成为人类文明发展历程中的一个根本性挑战。“棉花糖实验”给我们的启示是：自我控制能力在人们的早期生活中是可见和可测量的，它对人一生中的幸福和精神充实、身体健康等方面具有长期而深远的影响。中国有“三岁看大，七岁看老”的传统说法，弗洛伊德和蒙台梭利等学者也有童年影响一生的观点，而米歇尔教授的这个实验，给了我们一个童年如何影响一生的内在逻辑，让我们清晰地看到童年的教育为什么如此重要。

一个人的发展充满了无限的可能性，一个人的未来成就也很难只是根据其儿童时期的心理测验成绩就能预测。米歇尔教授的贡献是让我们意识到：自我控制能力可能在人的未来成就方面有我们以前没有意识到的影响作用。

策略与建议

美国儿童心理学家马考贝（Maccoby）指出：“年幼儿童是冲动的，缺少对行为控制的能力。”米歇尔教授在其著作《棉花糖实验》一书中也特别提出，孩子自我控制能力的发展与年龄有非常大的关系。由于幼儿大脑功能尚未发育成熟，神经活动的兴奋与抑制未能达到平衡，受外界刺激时，大脑皮层兴奋性强且易扩散，因此其自我控制能力是有限的。同时，3～6 岁是孩子自我控制能力迅速发展的年龄阶段，也是训练他们学习自制的大好时机。那么如何培养孩子的自我控制能力呢？

1）引导孩子形成正确的是非观念

孩子只有具备了正确的是非观念，才能正确地认识和评价自己的行为。孩子的是非观念不是与生俱来的，需要父母的言传身教和因势利导。父母一方面要教会孩子知美丑、明是非、识善恶；另一方面还要告诉孩子什么事是应该做的，什么事是不应该做的；怎么做是对的，怎么做是不对的；同时要让孩子知道“为什么要这样做，而不可那样做”的道理，使孩子以此作为判断、衡量自己行为的依据，并能够约束自己。

例如，一个平时爱攻击别人的孩子只有认识到自己不良行为的错误时，才有可能克服冲动，停止攻击行为；同样，也只有认识到助人为乐是一种高尚的行为时，孩子才会放弃自己的利益去帮助别人。又如，对一个喜欢到处涂鸦的孩子，如果硬性规定他不准乱写乱画，或干脆没收他的所有画笔，那么他在情绪上一定会十分对立。相反，父母若先向他解释及演示乱涂乱画后清理起来很困难，然后再为他准备好尽情作画的环保小黑板，相信会收到事半功倍之效。如果成人能长期坚持这么做，既不迁就孩子，又不放弃耐心地讲道理，孩子的认知水平就会不断提高，自我控制能力也能不断增强。

2）充分发挥榜样的作用

榜样对孩子的认知、情感和社会性发展具有重要影响。班杜拉的社会学习理论认为，儿童可以通过观察被模仿者（榜样）受到奖赏或强化而产生自我强化作用。因此，成人可以通过树立榜样来提高儿童的自我控制能力。榜样可以是真实的也可以是符号性的（通过传播媒介呈现的榜样）。比如，给孩子讲讲鲁迅小时候的故事，鲁迅读书迟到，被老师处罚，自那次以后，鲁迅就在书桌上刻了一个“早”字，意在提醒自己时刻记得早起上学，不要迟到，从此，他读书再也没有迟到过。根据孩子喜爱模仿的特点，父母可以利用文学艺术作品及现实生活中的良好榜样去影响孩子，引导他学习别人严格要求自己、克服困难的良好行为。当然，父母自身就是孩子的榜样，需要时时处处以身作则，如果希望孩子做作业时专心致志，那么自己看书时就要聚精会神，而不是一会儿玩手机，一会儿看电视，父母的率先垂范会潜移默化地影响孩子。

3）重视游戏的教育价值

游戏是儿童的主导活动，也是儿童的最爱，他们能够长时间乐此不疲地沉浸其中。因而可以把游戏和儿童自控能力的培养有机地结合起来，充分发挥游戏的教育功能。著名教育家陈鹤琴先生认为："各种道德几乎都可以从游戏中得来，什么自制、什么克己、什么诚实、什么理性的服从，这种种美德之形成，没有再比游戏这个利器来得快、来得切实的了。"由于游戏具有一定的规则性，儿童在游戏中通过扮演角色，承担相应的社会职责，遵守社会规范和行为准则，可以逐渐学会把社会要求纳入自我概念。例如，当儿童扮演"警察"角色时，他就要履行警察的岗位职责，不能凭想象随意游戏，要遵守相应的规则，并通过了解别人的想法来调整自己的行为，学着承担社会责任，初步体验各种社会规范和行为准则的约束。在游戏中孩子的社会性得到了很好的发展，逐渐将获得的行为规则内化为自我意识，实现由他控到自控的转变。

4）养成良好的行为习惯

古人有言"少成若天性，习惯如自然"，意思是说小时候形成的习惯和天生的一样牢固。因此，好的习惯，必须从小养成。人们常说做事情要按步骤进行，习惯培养同样如此。父母在培养孩子良好习惯的时候，要根据孩子的年龄特点，由浅入深、由近及远、循序渐进地进行，不可操之过急。对孩子自我控制能力的培养，最初可以落实在养成良好的生活习惯方面，如要求孩子准时起床、准时就寝，按时饮食，不偏食、挑食等。自控行为的多次成功、重复可帮助孩子形成良好的习惯，最终降低自控行为引起的紧张感和被动感，使自控行为容易完成和保持。

人生哲学——每个人都是自己命运的建筑师

自我控制能力是一个人立足社会的基础，也是一个人必备的素养。尼采认为："自制即控制自我。也就是说，你要抵制盘踞在心中的欲望，不被欲望所左右，成为自己行为的主人。"孔子也有"小不忍则乱大谋"的言论，所谓忍耐，就是控制自己情绪与行为的体现。在人生的道路上，自我控制能力就是孩子顺利通过悬崖边的安全屏障。

但需要引起父母注意的是，孩子的自我控制能力并非越强越好。过度自我控制的孩子常常表现出较强的抑制性，与成人的要求保持很高的一致性，没有主见。而自我控制最适宜的孩子可称为弹性儿童，他们的突出特点是"管得住、放得开"，能随环境的变化改变自己的控制程度，在需要控制自己的时候能牢牢地管住自己，在不需要控制时，则能放松自己，有很强的灵活性。

7. 送给孩子一颗勇敢的心

“你若失去了财产，你只失去了一点儿；你若失去了荣誉，你就失去了许多；你若失去了勇敢，你就把一切都失去了！”

——歌德

勇敢是一个永恒的话题，古往今来人们对它的讨论从未间断。西方可追溯至古希腊时期，《理想国》中将勇敢与智慧、节制、正义放在一起，构成人的四种主要美德，称为“四主德”。在我国，儒家作为传统文化的代表，也将“勇”与“仁”“智”并称“三达德”。孔子认为“勇”需要在“仁”的领导之下才能发挥其应有的社会功效。在东西方的历史文化中，勇敢一直作为男子血气方刚的表现，尤其在战场上奋勇杀敌的尚武之勇。但如今社会稳定发展，勇敢就被赋予了新的内涵，它既具有精神上的勇气，不畏艰难险阻的气概，也有行为上的果敢、决断和面对困难时的无所畏惧，还包括责任和担当。这样一来，勇敢就不仅是局限于男子，而是作为独立个人都应当具备的人格。

尽管时代背景不同，对勇敢概念的界定会有差异，但对于生活在现代社会的每个人来说，勇敢都是一种必备的人格特质，是促进个体健康发展的强大精神动力。当然，勇敢品质不是与生俱来的，需要从娃娃抓起，父母应从日常生活中的小事入手，晓之以理，动之以情，导之以行，持之以恒，多管齐下。只有这样，才能把孩子培养成为富有闯劲、不怕困难、积极进取、

勇于探索的开拓性人才。

案例

胆小的明明

明明已经5周岁了，胆子还是特别小。一次，妈妈带他去动物园。动物园里有很多可以喂食的鸽子。妈妈买了一包玉米，让明明喂鸽子。明明却表现得很胆怯，他怕鸽子会啄他，无论妈妈如何劝说、鼓励，他都不敢靠近鸽子。明明还特别害怕打针。每次生病时，他都会等到吃药没有效果了，才勉强同意打针。但是，打针时却要求爸爸、妈妈必须都陪在身边。即使这样，打完针后，明明还会哭很长时间。

像明明这样的孩子还有很多，经常听到父母在一起谈论自己孩子类似的表现。比如，“我的孩子很害羞、怕生、不爱讲话，家里一来客人，他就躲到我身后去。”“我的孩子胆子太小，做什么事情都缩手缩脚，根本不像一个男孩子。”“我的孩子害怕困难，总是还没尝试就放弃了。”“我的孩子遇到一点点事情就手足无措，哭哭啼啼。”……诸如此类的问题令父母们头疼不已。

案例反思

案例中明明和其他孩子出现的这些情况，心理学上称为“胆怯”，是勇敢的反义词。孩子由于年龄小阅历少，容易对自

己的能力缺乏认识和信心，碰到麻烦时会表现出无法应付、神情紧张、退缩或恐惧，对一些常见的事物有时也会表现出害怕的心理。实际上，孩子先天恐惧的东西极少，即“初生牛犊不怕虎”，一般只有大声、悬空等少数的刺激才会引起他们的恐惧感。由此可见，孩子的胆怯与后天的环境有很大关系。所以，当父母发现孩子胆小怕事、畏首畏尾时，不要过分焦虑，更不要为此抱怨和训斥孩子，应先冷静下来，耐心地问问孩子为什么害怕。当父母把心思放在了解孩子的想法时，问题就已经解决了一半。因为只要找出了孩子恐惧的源头，父母接下来就可以有针对性地采取措施，帮助孩子克服胆怯心理。

策略与建议

勇敢的品质不是与生俱来的，它是在后天的学习、游戏、劳动和日常交往中逐步形成的。作为父母，可以从以下几方面着手培养孩子的勇敢品质。

1）不要过度保护孩子

苏联著名教育家苏霍姆林斯基提出，必须让孩子知道生活里有“困难”这个字眼，这个字眼是跟劳动、流汗、手上磨出老茧分不开的。有些孩子胆小，与父母的过度保护有关。比如，孩子学走路时，摔倒了，父母本应鼓励孩子自己爬起来，再继续走。可现实生活中总有一些父母，一见孩子摔倒了，马上紧张地说：“哎呀！我的宝贝摔痛了。”赶快把孩子抱起来。结果，孩子被父母的惊叫吓住了，不敢再学走路了，至少放慢了学走路的速度。又如,孩子在外面玩滑梯时碰伤了,父母就不允许孩子再爬高;孩子害怕小动物,父母就让孩子远离它们;孩子被别的小朋友欺负了,父母就让孩子减少与小伙伴的交往……长此以往,孩子就失去了独自面对困难的勇气,变成了温室里的花朵,一旦离开父母和家庭,就变得脆弱不堪。

父母以安全之名对孩子实施的过度保护,会让孩子失去独立、探索和冒险精神,失去克服困难和管理风险的成长机会。正确的做法是教给孩子一些规避风险的方法,或者在问题出现后妥善地解决。例如,孩子害怕雷雨闪电,父母要告诉他雷电是自然界的正常现象,同时把防雷电的安全知识介绍给孩子;孩子晚上不敢一个人睡觉,父母就要和他讲清白天和黑夜都是一样的自然现象,消除他心中的恐惧感,培养他在黑夜独自睡觉的习惯,开始若孩子一时还不习惯,可开一盏小灯,待他睡熟后再关掉,慢慢地孩子就能适应了。另外,父母还应及时表扬孩子的勇敢行为,如孩子摔倒后自己爬起,跌痛了没有哭闹等,让孩子知道父母很赞赏他的这种勇敢精神,不断地鼓励可以使孩子有足够的勇气去面对挑战。

2)父母率先垂范

在日常生活中,父母的言行对孩子的影响是最深刻的。比如,有些妈妈洗菜时,看见一条毛毛虫,就会惊慌失措地尖叫,甚至马上跑开。其实,孩子的眼睛是摄像机,耳朵是录音机,父母平时的一举一动,孩子通过不知不觉地模仿会完全复制下来,然后在未来的某一天真实无比地展现在父母的面前。几乎所有的家长都希望孩子勇敢,而自己则表现出胆小害怕,显然这对于培养孩子的勇敢精神是十分不利的。父母的勇气是孩子最好的强心剂，无论面对什么挫折或困境，父母都要冷静、沉着地处理，不要在孩子面前表现得手足无措、惊慌无助。如果父母能够勇敢坚强地面对一切艰难险阻，那么孩子在耳濡目染之下，也会变得无所畏惧、勇往直前。

3）避免恐吓孩子

当孩子不吃饭时，父母威胁说“让怪兽把你抓走”；当孩子不睡觉时，父母恐吓说“把你赶到街上睡”；当孩子不肯结束某个游戏时，父母吓唬说“我不要你了”；当孩子撒泼要买玩具时，父母说“把你卖给售货的阿姨”“你再不听话，就让警察叔叔把你抓走”；当孩子不肯写作业时，父母则说“再不写老师就不让你上学了”……诸如此类的恐吓教育，使孩子长期处于惧怕和胆怯的心理状态。久而久之，孩子就会变得胆小、懦弱，缺乏安全感，什么事都不敢做，什么东西都不敢动，什么话也不敢说，整天缩手缩脚，不敢越雷池半步。

不管是有意或者无意地恐吓孩子，都是错误的，对孩子的健康成长十分有害。当发现孩子不听话时，父母不能心急，更不能吓唬孩子，要耐心寻找原因，坚持进行正面教育。

4）注意循序渐进

培养孩子的勇敢品质要根据孩子身心发展的特点和规律循序渐进地进行，因人而异，不能期望过高，揠苗助长。比如，父母千万不要把一个怕水的孩子强行推下水去学游泳，这样做的结果往往会适得其反。如果发现孩子尽管怕水，但还是站在离水很近的地方，那么父母应该耐心等待，给孩子时间，或者陪着他慢慢走进水里逐渐适应。让孩子按照自己的节奏去克服困难，这样他会主动探索，也能产生安全感，同时体验到成功带来的喜悦。循序渐进，逐步增加难度，对孩子来说是一个非常重要的磨炼过程，既强化了孩子的自信心，又锻炼了孩子克服困难的能力。

5）适当进行挫折教育

所谓挫折教育，是指在正确的教育思想指导下，根据孩子身心发展和教育的需要，创设或利用某种情境，提出某种难题，让孩子通过动脑、动手来解决矛盾，从而使他们逐步形成对困难的承受能力和对环境的适应能力，培养出一种迎难而上的坚强意志。

“宝剑锋从磨砺出，梅花香自苦寒来”。温室中的花朵，无法经历风雨；“玻璃心”的瓷娃娃，一碰即碎。只有从小注重培养孩子不畏困难、不惧苦痛的顽强意志力，孩子以后才会形成勇敢坚韧的心理品质。这是父母留给孩子最宝贵的财富，会使孩子终身受益。只不过，孩子的心理承受能力要比成人弱，所以在进行挫折教育的时候，要讲究方式方法。可以遵循“跳一跳摘到桃子”的原则，引导孩子向那些有难度但经过努力能够实现的目标迈进。在这一过程中，孩子会通过成功经验累积自信，通过失败教训锻炼抗挫折能力。挫折教育是孩子成长中必不可少的“壮骨剂”，能够增强孩子的适应能力、磨练意志，帮助孩子逐渐成为生活中的强者，在未来的人生旅途中勇往直前，创造属于自己的幸福！

人生哲学——“甘地夫人法则”

印度前总理甘地夫人，是一位非常出色的女性。作为国家领导人，她对印度有着杰出的贡献；作为妈妈，她是孩子心中最好的老师。

甘地夫人的儿子拉吉夫 12 岁时，因病要做一次手术。面对紧张、恐惧的拉吉夫，医生建议甘地夫人说一些类似于“手术并不痛苦，你完全不用害怕”等善意的谎言来安慰孩子，帮助拉吉夫轻松面对手术。然而，甘地夫人却认为，孩子已经懂事了，应该学会独立面对。

于是，当拉吉夫被推进手术室前，她平静地告诉自己的儿子：“可爱的小拉吉夫，手术后你有几天会相当痛苦，这种痛苦是谁也不能代替的，哭泣或喊叫都不能减轻痛苦，可能还会引起头痛，所以，你必须勇敢地承受它。”

手术后，拉吉夫没有哭，也没有叫苦，他勇敢地忍受了这一切……

这个故事后来被教育家们定义为“甘地夫人法则”。

“甘地夫人法则”给父母们的启示是：在教育孩子的过程中要适时地放手，当孩子遇到困难或挫折的时候，要鼓励孩子自己去面对和解决问题，自己“站起来”，可以在关键时刻为孩子提些建议。让孩子明白，成长不是一帆风顺的，有快乐，也会有痛苦，困难或挫折是不以人的意志为转移的，也不是父母时刻呵护就能避免的，他自己必须具备独立迎接挑战和克服困难的勇气与担当。只有这样，孩子才能从容不迫地应对未来生活的各种变化，在今后的人生道路上走得更加平稳。

8. 指导孩子学会与人交往

“精神生活和肉体生活一样，有呼也有吸，灵魂要吸收另一颗灵魂的感情来充实自己，然后以更丰富的感情送回给人家。人与人之间要是没有这点美妙的关系，心灵就没有了生机。”

——巴尔扎克

人是社会的动物，不能离开群体而单独生存。正如马克思所言：“人的本质并不是单个人所固有的抽象物，在其现实性上，它是一切社会关系的总和。”也就是说，“人的本质是人的真正的社会联系。”亚里士多德则认为：“能独自生活的人，不是野兽，就是上帝。”在社会生活中，人们几乎每天都要和他人打交道。有人估计，每个人每天除 8 小时睡眠以外，其余 16 小时中有 70％的时间是在进行人际交往。暂且不论这个数据是否准确，但不可否认的事实是每个人都时时刻刻处在亲子关系、兄弟姐妹关系、夫妻关系、邻里关系、师生关系、同学关系、上下级关系等各种各样的社会关系之中，这种人与人之间在社会生活中形成的直接的相互关系，就是人际关系。人际关系以心理联系为特征，表现为人与人之间的心理距离，反映着人们寻求满足需要的心理状态。理解、信任、关心、友爱的人际关系会使人感到温暖、幸福和喜悦，从而产生对生活的热爱，对事业的追求。相反，冷漠、冲突、排斥和互相猜忌，则会使人产生压抑感、焦虑感，导致安全感和信任感缺失。

作为万物之灵的人，从呱呱坠地到撒手人寰，时刻也离不开他人直接的、间接的、物质的、精神的支撑，同时，也在支撑着别人。乐于与人交往，和他人建立良好的关系，不仅是衡量孩子心理健康水平及社会适应能力的一个重要指标，更是其今后事业发展与人生幸福的基石，因为离群的个体绝对难以求得有意义的生活。佛祖释迦牟尼曾问他的弟子："一滴水怎样才能不干涸？"孤零零的一滴水，风能吹干它，阳光能晒干它，其寿命能有几何？弟子中无一人能答。释迦牟尼说："将它放入大海。"一滴水的寿命确实短暂，但当它汇入海洋，与浩瀚的大海融为一体的时候，它就获得了新的生命。同样，一个人的力量也是微不足道的，只是一滴水，只有汇入波澜壮阔的人际交往的海洋，才不会干涸，生命的价值和意义才能彰显。

案例

没有朋友的周斌

今天，七年级(4)班的"友情小屋"来了两位特殊的朋友。

李翔，生活中张弛有度，学习、休闲两不误；对自己的短处不隐瞒，对自己的长处不夸大；不管学习好的同学还是学习差的同学向他请教问题，他都一视同仁，耐心讲解；经常挑选大家感兴趣的话题来谈。深受同学们喜欢，结交了很多朋友。

周斌，学习成绩优异，但当别人有求于他时，他总是找各种借口拒绝帮助；总爱打断别人讲话；不爱与他人交往；排斥、孤立比他成绩出色的同学。他几乎没什么朋友。

李翔深受同学喜欢的原因是什么？周斌存在什么问题？他怎样才能尽快获得同学的友谊呢？

案例反思

著名教育专家孙云晓曾说过一句话："孩子没有朋友比考试不及格还要严重。"因为人是群居动物，天性需要互相支持。试想，一个人若运动会上取得第一而无人喝彩，或遇病痛之苦而无人安慰，其滋味如何呢？正如歌德所言："人不能孤独地生活，他需要社会。"任何人都有一种归属的需要，离开了群体，个体就像茫茫大海上的一叶孤舟，不仅才华得不到发挥，而且一生都会"不顺"。

人与人之间的交往归根到底是在于如何接受别人。由于每一个人都有他的特点，在和人相处时，一定要尊重别人，理解别人，欣赏别人，宽容别人，当别人遇到困难时主动给予帮助和支持。案例中的李翔与同学交往时遵循着这些原则，所以人际关系融洽；而周斌由于对同学持有的多是拒绝、嫉妒等消极态度，犹如镜面的互相反射，自然也会遭到同学排斥。

在人际交往的过程中，你怎样对待别人，别人也往往会用同样的方式对待你。孟子说："爱人者，人恒爱之；敬人者，人恒敬之。"当发现自己朋友越来越少，成为"孤家寡人"时，首先

应该认真反思自己，找出自身不被他人接受的原因，并努力改正，这样才能取得他人的谅解，收获和谐的人际关系。

策略与建议

当今社会，孩子若缺乏良好的人际交往能力，就无法适应时代的需要和正常的社会生活。在家庭教育中，父母对孩子人际交往能力的培养尤为重要。尽管随着孩子年龄的增长，不同时期的教育特点有所不同，但大致说来，父母都需要做到以下几个方面。

1）为孩子营造和谐的家庭交往环境

良好的家庭交往环境有利于孩子与人交往，而缺乏沟通交流的家庭人际环境则会对孩子的社会交往产生不良影响，甚至引发许多心理问题。实际生活中，父母离异或感情不和对孩子影响极大。假如父母因家庭琐事经常发生争吵，就会使孩子在与人交往过程中表现出粗暴、急躁、自私和不安全感等心理和行为，从而影响了孩子的正常人际交往动机和能力。因此，父母之间要相互理解、相互信任、相互体谅，给孩子创造一个和谐的家庭交往环境，促进孩子健康的成长。

2）为孩子树立良好的人际交往榜样

有专家指出，儿童是在模仿成人的过程中习得交往经验的。父母的社会交往态度和行为会直接影响孩子如何与人交往。作为父母，在与家人、亲戚、同事、朋友等交往时要保持积极主动、乐观向上的态度，要处处体现出自身的大度、开朗、愉悦和友善。父母绝不能在交往中表现出虚伪、冷漠、蛮横、抱怨的待人接物方式，尤其在孩子幼小的时候，他们的判断能力较弱，往往会不自觉地模仿父母的言谈举止，父母的不良言行会对孩子产生诸多的负面影响。

3）教给孩子一些人际交往的技能

为了帮助孩子成为受同伴欢迎的人，在交往中得到快乐，父母应有意识地教给孩子一些人际交往的技能。例如，教孩子学会怎样与人打招呼，怎样鞠躬握手，怎样表示感谢和致歉，怎样向别人介绍自己，如何使用敬语，如何礼貌地拒绝别人等；告诉孩子要真诚地欣赏他人，做一个耐心的倾听者，站在他人的角度想问题，善于与他人分享、协商与合作等。可以用行动或故事的形式，来帮助孩子学会尊重、关心与理解他人，这正是与他人友好相处，提高孩子社交能力的关键所在。

4）为孩子提供人际交往的机会

当下，很多孩子的课余时间都被父母排得满满的，写作业、学才艺、上培优班等，留给孩子自由支配的时间少得可怜。即使孩子有空余时间，考虑到安全因素，父母也很少让孩子自由参与户外集体活动，而有些孩子又喜欢看电视、玩计算机，与同伴和家人之间的交流更是越来越少。对于心智尚不成熟的孩子来说，缺乏与他人相处的经历，便很难积累人际交往的经验。因此，父母要积极为孩子提供各种交往机会，并在孩子与人交往中细心观察、正确指导，让孩子逐渐掌握与人友好交往的技能。例如，父母可利用周末、节假日等空闲时间，约孩子的小伙伴一起去公园、游乐场、科技馆等公共场所活动，尽可能地为孩

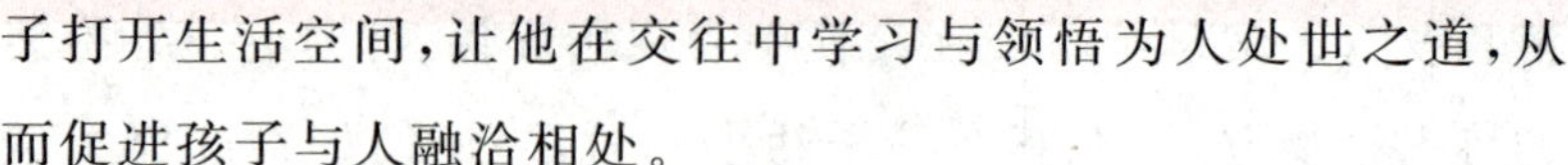

子打开生活空间，让他在交往中学习与领悟为人处世之道，从而促进孩子与人融洽相处。

人生哲学——“仰巴脚效应”

研究表明，一个很有才华而又有小缺点的人，反而更使一般人喜欢接近他。这种现象称为“仰巴脚效应”，又叫“出丑效应”。“仰巴脚”是北京方言，指不小心摔个四脚朝天的姿势。人们常用一个著名的心理学实验说明“仰巴脚效应”。

一位心理学家把四段情节类似的访谈录像分别放给他准备要测试的对象：在第一段录像里接受主持人访谈的是个非常优秀的成功人士，他在自己所从事的领域里面取得了辉煌的成就，在接受主持人采访时，他的态度非常自然，谈吐不俗，表现得很有自信，没有一点羞涩的表情，他的精彩表现，不时赢得台下观众的阵阵掌声；第二段录像中接受主持人访谈的也是个非常优秀的成功人士，不过他在台上的表现略显羞涩，在主持人向观众介绍他所取得的成就时，他表现得非常紧张，竟把桌上的咖啡杯碰倒了，咖啡还将主持人的裤子淋湿了；第三段录像中接受主持人访谈的是个非常普通的人，他不像上面两位成功人士那样有着不俗的成绩，整个采访过程中，他虽然不太紧张，但也没有什么吸引人的发言，一点也不出彩；第四段录像中接受主持人访谈的也是个很普通的人，在采访的过程中，他表现得非常紧张，和第二段录像中那个受访者一样，他也把身边的咖啡杯弄倒了，淋湿了主持人的衣服。当心理学家向他的测试对象放完这四段录像，让他们从上面的这四个人中选出一位他们最喜欢的，选出一位他们最不喜欢的。最不受测试者们喜欢的是第四段录像中的那位先生，几乎所有的被测试者都选择了他，可奇怪的是，测试者们最喜欢的不是第一段录像中的那位成功人士，而是第二段录像中打翻了咖啡杯的那位，有95%的测试者选择了他。

这个实验让我们看到，在其他条件都相同的情况下，表现比较出色的人更容易受到人们的喜欢，但并不是说个人能力越强、越完美，就越容易得到别人的认可，人们最喜欢那些才华横溢而又带有小缺点的人。因为貌似完美无缺的人，会让人觉得不够真实，恰恰降低了他在别人心目中的信任度。而对于那些取得过突出成就的人来说，一些微小的失误不仅不会影响人们对他的好感，相反，还会让人们从心里感觉到他很真诚，值得信任。

达·芬奇说："你们不见美貌的青年穿戴过分反而折损了他们的美吗？你不见山村妇女，穿着朴实无华的衣服反比盛装的妇女要美得多吗？"可见，真正的美不需要过度包装。同样，在人际交往中，也不需要为了炫耀自己或迎合别人，而放大优点，掩盖缺点。"仰巴脚效应"告诉人们：只要充分发挥自己的优点，不刻意回避自己的缺点，以真实的面目示人，真诚待人，既不取悦他人，也不委屈自己，这样的人最容易赢得别人的认可和喜爱，受到大家的欢迎。

9. 在孩子心田播下诚信的种子

“没有谁必须要成为富人或成为伟人，也没有谁必须要成为一个聪明的人，但是，每一个人必须做一个诚实的人。”

——本杰明·鲁迪亚德

“诚者信也，信者诚也”这是许慎在《说文解字》中对“诚信”的解释。“诚”“信”的互释验证了诚实守信的内在联系，即诚中有信，不诚则不信，信必见其诚。但在现实生活中人们对“诚”与“信”的理解角度还是略有不同的，一般认为，“诚”是指“内诚于心”，是一种信仰、理念，而“信”是指“外信于人”，是“诚”的外在表现。通俗地说，就是“诚是信之本，信是诚之行”，即认为“诚”与“信”还是各有侧重的。尽管两者存在差异，但其总体含义却都是诚实守信，要求人们在社会生活中不弄虚作假、不欺骗，讲真话、实话，讲信用，言行一致，做到“言必信，行必果”。

诚实守信是中华民族的优良传统，也是一个人最基本、最重要的人格特征。正如昆德拉在《生命不能承受之轻》中说：所谓人生，即是周而复始的诚实、友好、信任的给予与被给予。诚信是孩子成长道路上的基石。从小培养孩子的诚信品质，对于促进孩子身心的健康成长，帮助孩子形成正确的世界观、人生观和价值观，有着深远的意义。

案例

买啤酒的少年

早年，尼泊尔的喜马拉雅山南麓很少有外国人涉足。后来，许多日本人到这里观光旅游，据说这是源于一位少年的诚信。一天，几位日本摄影师请当地一位少年代买啤酒，这位少年为此跑了 3 个多小时。第二天，那个少年又自告奋勇地替他们买啤酒。这次摄影师们给了他很多钱，但直到第三天下午那个少年还没回来。于是，摄影师们议论纷纷，都认为那个少年把钱骗走了。第三天夜里，那个少年却敲开了摄影师的门。原来，他只购得 4 瓶啤酒，而后，他又翻了一座山，蹚过一条河才购得另外 6 瓶，不料返回时摔坏了 3 瓶。他哭着拿着碎玻璃片，向摄影师交回零钱，在场的人无不动容。这个故事使许多外国人深受感动。后来，到这儿的游客就越来越多……

案例反思

“言必信，行必果”看似简单，做起来其实很不容易。在践约过程中，会有许多意想不到的困难出现。但当孩子把诚实守信的原则深深地根植于心底时，再大的阻力都无法挡住他前行的步伐。案例中孩子的诚信行为，不仅为他生活的地区带来了良好的发展机会，更是他未来人生的“通行证”。因为诚信让人心灵高贵，光明磊落，做事坦荡，这样的孩子在生活中更容易受

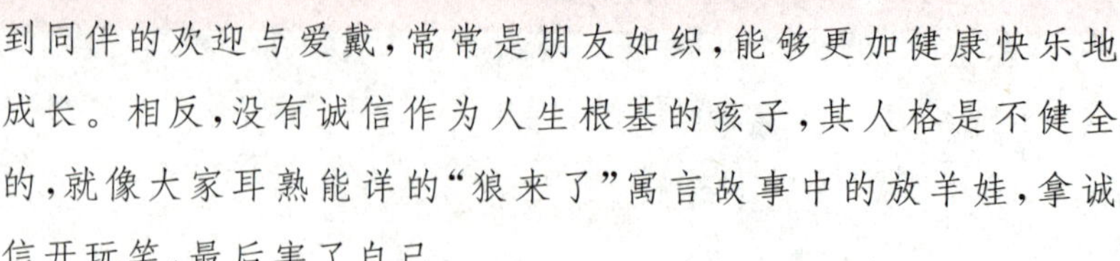
到同伴的欢迎与爱戴，常常是朋友如织，能够更加健康快乐地成长。相反，没有诚信作为人生根基的孩子，其人格是不健全的，就像大家耳熟能详的“狼来了”寓言故事中的放羊娃，拿诚信开玩笑，最后害了自己。

策略与建议

诚信无形，却可以经天纬地；诚信无色，却可以耀人眼目；诚信无味，却可以散发出醇厚的芬芳。无形、无色、无味的诚信有着撼人心魄的力量。俗语有言：“农误地一时，则自误一年；人不信于一时，则不信于一世。”意思是说，人一旦失信，可能一生都难以弥补。诚实守信是社会最普遍也是最基本的伦理价值需要，是人际关系的精神纽带，没有诚信的个人是社会的危险品。在中国古代，诚实守信与仁、义、礼、智四德并列。每一个炎黄子孙，都有责任继承这种传统美德。培养孩子诚实守信的美德，不仅关系到国家和民族的未来，也关系到孩子将来一生的发展。诚信教育是一个潜移默化、润物无声的过程，以下方法可供父母借鉴。

1）父母要做到表里如一

如果想让孩子成为一个诚实守信的人，父母自身必须做到言行一致，为孩子作出表率，父母的身体力行比任何口头上的说教都更为管用。父母的行动对孩子来说是无声的语言，有形的榜样。孩子最善于模仿，父母待人诚恳，信守承诺，襟怀坦荡，处处率先垂范，这样的言行具有强烈的暗示和感染力量，有利于孩子逐渐形成诚实守信、表里如一的品质。相反，如果父母有背信弃义、弄虚作假、歪曲事实、出尔反尔等违背诚信的不当言行，则很容易给孩子造成负面的影响。

2）结合生活细节进行教育

教育孩子诚实守信，需要父母有足够的耐心，又要有足够的细心，坚持从日常生活中的琐碎小事做起，贯穿家庭生活和亲子成长的全过程。其实，生活中涉及孩子诚信品质的事件很多，家长要善于捕捉每一次教育时机，让孩子知道诚实守信是美好的品行，并在生活中养成这种品行。比如，从小就要求孩子说真话；不口是心非、表里不一；做错事时要勇于承认自己的错误，并能及时改正；不拿别人的东西，借别人的东西要及时归还；不抄作业和考试作弊等。同时针对社会上那种坑蒙拐骗的行为，父母要态度鲜明地进行批判，要让孩子坚信，这种弄虚作假的行为是必将受到惩罚的。这样，孩子长大以后才能成为一个光明磊落的人。

3）借助经典故事进行引导

儿童的思维方式以具体形象思维为主，鉴于其认知水平和知识经验的限制，父母可以用孩子喜闻乐见的故事去启发他们，让孩子在不知不觉中受到诚信的洗礼，达到“润物细无声”的效果。古今中外，关于诚信的故事数不胜数，比如曾子杀猪、宋濂借书、李苦禅烧画、李嘉诚信守对乞丐的承诺、里根按期归还父亲的借款等。有趣的、积极向上的故事能让孩子明辨是非，拥有真善美的生活观念，有助于孩子从内心树立起诚信意识，自觉用诚信的标准去规范自己的言行。

4）宽容孩子的过失

如果孩子犯了错误，真诚地告诉了父母，父母就不能劈头盖脸地训斥孩子。因为，此时批评孩子就等于批评孩子的诚信行为，要先表扬孩子诚实的态度，然后冷静地听听孩子的想法，和孩子一起分析原因，共同找出改正错误的办法，这样在孩子的心中就不会对错误产生恐惧，也不会因为害怕惩罚而隐瞒，反而明白了一个道理：承认错误、改正错误，不仅能够取得信任与谅解，还会让自己变得更加完善。孩子长期在宽松、愉快、民主、和谐的家庭氛围熏陶下，诚信的品质就会逐渐形成。

人生哲学——背着诚信的行囊前行

有这样一个故事：一位年轻人出门远行，随身带了许多行囊，里面分别装有金钱、荣誉、权力、健康、诚信、美貌、快乐等。途中乘船渡河时风云变幻，险象环生，因物体超重，老艄公要求年轻人必须丢掉一个行囊，否则，将有沉船的危险。年轻人略加思考，便将装有诚信的行囊给扔了……

这个故事虽然没有写明结果，但在读者的心中都有一个明确的答案，年轻人丢掉了诚信，就等于在自己今后的人生道路上设置了重重障碍……因为生命之舟不管驶向何方，诚信都是必不可少的"通行证"。

漫漫长夜里，背着诚信的行囊，即使一个人走，也不会寂寞；茫茫人海中，背着诚信的行囊，即使风起云涌，也不会迷失自我；大千世界里，背着诚信的行囊，即使有千山万水，也能拥抱最美的夕阳。因此，父母一定要让孩子明白：背着诚信的行囊可以大胆地走四方，享受生活的多姿多彩；扔掉诚信的行囊也许能侥幸一时，却不可能蒙混一世；只有背着诚信的行囊前行，才能走向幸福的人生。

10. 鼓励孩子积极地与人合作

“天时不如地利，地利不如人和。”

——孟子

现代社会，高度精细的社会分工，带来高度密切的社会合作。大到“人类基因组”“探月工程”等尖端课题的研究，小到生活中一件普通商品的生产，都离不开“合作”。可以说，合作能力和合作精神是现代人不可或缺的基本素质。不论孩子将来从事什么职业，也不论他在何时何地，都离不开与别人的合作。

那么，什么是合作呢？顾名思义，合作就是互相配合，共同把事情做好。国际 21 世纪教育委员会向联合国教科文组织（UNESCO）提交的报告《教育——财富蕴藏其中》中指出：面向 21 世纪教育的四大支柱，就是要培养学生学会四种本领：学会认知、学会做事、学会合作、学会生存。其中，学会合作，即在教育中要培养孩子与人合作、互帮互助、共享成果的能力。

合作能力是现代社会孩子必备的基本素养，更是体现儿童人格健全的标志之一。孩子具有合作意识和能力，不仅是他智力发展、健康成长的需要，更是他日后生存和发展的需要。但孩子合作能力的培养是一个从认识到行为，并且逐渐内化的过

程，也是一个比较复杂的演变过程，并不是一朝一夕就能完成的。因此，父母一定要引起足够的重视。

案例

没有朋友的孩子

波波活泼聪明，反应灵敏，可有些时候总控制不住自己的行为。比如，在幼儿园玩积木时要挑选自己喜欢的，站队的时候自己要当第一，游戏时要别人听他的指挥，要不他就在别人游戏时横冲直撞去捣乱，经常有小朋友到老师那里去告他的状。有一次，进行语言活动《说说我的好朋友》，他站起来很得意地说："心元是我的好朋友，帅帅是我的好朋友，翔翔是我的好朋友……都是我的好朋友！"没想到翔翔立即站起来反对："不是，我不做他的好朋友。"理由是波波经常在喝水的时候朝翔翔和其他小朋友身上吐水。接着又有几个孩子也声明自己不做波波的好朋友，有的说他抢积木，有的说他抢玩具，有的说他打小朋友……这让他很尴尬①。

案例反思

通过案例中波波的表现可以看出，他在幼儿园与小朋友的交往中，总是以自我为中心，缺乏合作精神。比如，在群体活动

① 幼儿同伴交往. https://baike.baidu.com/item/幼儿同伴交往/10589577.

中，本来是需要小朋友共同协作完成的搭积木活动，他不考虑别人的感受，只挑选自己喜欢的积木玩；站队应该是按身高依次排列，他也不管不顾，一定要当第一；游戏时要让其他小朋友听命于他，否则就甩手罢玩，甚至进行破坏……由此可见，波波还不会通过合作的方式参与集体活动，因而，幼儿园的小朋友们都不愿意与他交往。但人生活于世间，若没有他人的支持与合作，个体自身就无法立足于社会，犹如植物离开土地而被扔到荒漠不可能生存一样。正所谓“单丝不成线，独木不成林”，每个人的力量都是有限的，但“三个臭皮匠”，就能“顶个诸葛亮”。所以，波波必须克服任性、自私、“天下独我”的毛病，学会团结与协作，这样才能与小朋友们共同进步。

合作是儿童社会行为的一个方面，也是人与人之间形成和维持良好关系的重要基础。只有具备合作能力的人，才能获得生存的空间，也只有善于合作的人才能赢得发展。因为合作既可以积聚力量，启发思维，开阔视野，又可以达到事半功倍的活动效果。在现实生活中，如何培养孩子的合作能力呢？

1）培养孩子的合作意识

合作意识是指个体对共同行动及其行为规则的认知与情感，是合作行为产生的一个基本前提和重要基础。培养孩子的合作意识，有利于孩子在学会合作的过程中逐渐克服以自我为中心的倾向，养成关心他人、合作互助的习惯。为了提高孩子

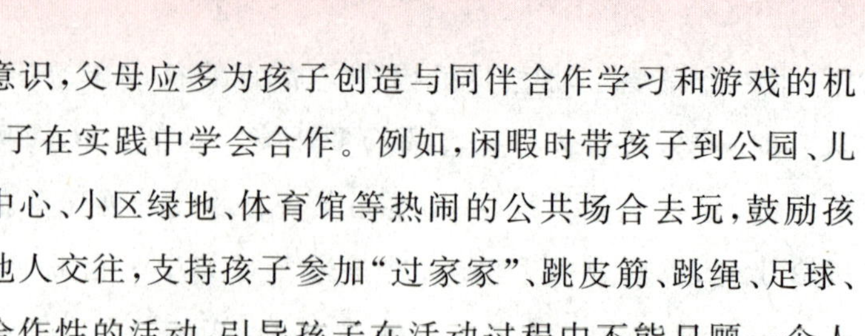

的合作意识，父母应多为孩子创造与同伴合作学习和游戏的机会，让孩子在实践中学会合作。例如，闲暇时带孩子到公园、儿童活动中心、小区绿地、体育馆等热闹的公共场合去玩，鼓励孩子多与他人交往，支持孩子参加“过家家”、跳皮筋、跳绳、足球、篮球等合作性的活动，引导孩子在活动过程中不能只顾一个人玩，必须与小伙伴共同商量、友好合作、互帮互助、相互配合，一起完成任务。

2）让孩子体会合作的快乐

孩子与同伴在一起游戏或学习时，彼此之间的协商、询问、建议、共享、求助、施以援手等合作行为能给孩子带来快乐的情感体验。如果成人再能及时地给予肯定和赞美，如“你们一起商量着搭积木，真好！”“你们俩互相帮助、互相学习，配合得真棒！”等，孩子就会受到极大的鼓舞，这对巩固、强化孩子的合作动机，进而产生更多的合作行为是极为重要的。

3）教给孩子合作的方法

孩子因为年龄小，缺乏社会交往经验，在游戏、学习、生活、运动中，往往不知如何去合作，这就需要父母及教师教给他们一些合作的方法。例如，“两个小朋友，只有一个玩具怎么办？”引导孩子归纳总结出“两个人轮流玩”或“两个人一起玩”等解决矛盾的正确方法。合作的方法及形式是十分多样的，包括分工与协作、交流与分享、冲突与协调、互助与支持、轮流与协商、请求与接纳、谦让与等待、商量与妥协等。不管哪种方式与方法，孩子都不是单靠某一活动就能学会的，因为它同时存在于孩子生活中的每时每刻，需要父母及教师做个有心人，抓住一切时机加以引导。

4）为孩子树立合作的榜样

同伴是孩子观察学习的榜样。在合作游戏时，孩子会经常通过观察，模仿学习其他同伴的合作行为。因此，父母及教师应有意识地引导合作意识和合作能力强的孩子与这方面能力弱的孩子一起游戏，也不失为一种树立榜样的好方法。同时，父母及教师更要重视言传身教的作用，为儿童合作能力的培养营造良好的氛围。

人生哲学——予人玫瑰，手有余香

在一个小镇上，每年都会举办兰花品种大赛。有一个花匠的成绩相当优秀，年年获奖，得奖后，他毫不吝啬地将种子分给邻居。

一位邻居不解地问："你的奖项得来不易，每季都看到你投入大量的时间和精力来做品种改良，为什么还这么慷慨地将种子送给我们呢？难道你不怕我们的兰花品种因此而超越你的吗？"

这位花匠回答："我将种子分送给大家，帮助大家，其实也就是帮助自己！"

原来，这位花匠居住的城镇是典型的农村形态，家家户户的田地都比邻相连。他将得奖的种子分给邻居，邻居就能改善他们的兰花品种，可以防止蜜蜂在传播花粉的过程中，将较差品种的花粉传播到优良品种上，避免优良品种的退化。

这是一个富有哲理的故事。花匠与邻居在种兰花这件事情上既是竞争关系，又是合作和依存关系，这在一定程度上也反映了当前和今后整个人类的生存关系。因为现代社会已经进入了一个“人人为我，我为人人”的时代，人与人之间就是互相帮助、互相促进的关系。在这个团队制胜的时代，只有能与人合作的人，才能获得更大的生存与发展空间。当然，父母也要时刻提醒孩子，在与人合作时应当坚持原则，分清是非，对人、对己、对社会有意义的事可以合作，违法乱纪的事就不能合作。

参考文献

[1] 爱利克·埃里克森.童年与社会[M].高丹妮,李妮,译.北京:世界图书出版公司,2018.

[2] 侯魏魏.宝宝这一年:1岁,安全感建立关键期[M].北京:北京理工大学出版社,2012.

[3] 周国平.宝贝,宝贝[M].南京:江苏人民出版社,2010.

[4] 张玉沛,郭本禹.鲍尔比的依恋理论及其临床应用[J].南京晓庄学院学报,2012(1):66-70.

[5] 黄武雄.童年与解放[M].北京:首都师范大学出版社,2009.

[6] 程媛媛,林斐然,魏思佳.小鬼当家视频走红——拍摄方:父母也在场[N].新京报,2015-03-26(A23).

[7] 王家军.埃里克森人格发展理论与儿童健康人格的培养[J].学前教育研究,2011(6):37-40.

[8] 陈秀云,陈一飞.陈鹤琴文集[M].南京:江苏教育出版社,2007.

[9] 冯晖.福禄贝尔:第一个承认游戏教育价值的人[N].中国教师报,2015-03-13(13).

[10] 福禄贝尔.人的教育[M].孙祖复,译.北京:人民教育出版社,1991.

[11] 李燕.儿童心理学[M].北京:中央广播电视大学出版社,2011.

[12] 方向苹.别让孩子伤在童年:探寻孩子行为背后的心理[M].北京:中国纺织出版社,2016.

[13] 边玉芳.自我同一性是解读青春期的密码[N].中国教育报,2018-05-31(9).

[14] 张日昇,陈香.青少年的发展课题与自我同一性——自我同一性的形成及其影响因素[J].河北大学学报(哲学社会科学版),2001(1):11-16.

[15] 王树青,张文新,陈会昌.中学生自我同一性的发展与父母教养方式、亲子沟通的关系[J].心理与行为研究,2006(2):126-131.

[16] 朱迪斯·哈里斯.教养的迷思:父母的教养方式能否决定孩子的人格发展?[M].张庆宗,译.上海:上海译文出版社,2015.

[17] 戴安娜·帕帕拉，等. 孩子的世界——从婴儿期到青春期[M]. 11 版. 郝嘉佳，等译. 北京：人民邮电出版社，2013.
[18] 张向葵. 教育心理学[M]. 2 版. 北京：中央广播电视大学出版社，2015.
[19] 霍华德·加德纳. 多元智能新视野(纪念版)[M]. 沈致隆，译. 杭州：浙江人民出版社，2017.
[20] 全惠星. 有奉献精神的父母培养大人物[M]. 邵娟，译. 北京：中国城市出版社，2009.
[21] 马卡连柯. 马卡连柯教育文集(下)[M]. 吴式颖，译. 北京：人民教育出版社，2005.
[22] 吴荔明. 梁启超和他的儿女们(修订版)[M]. 北京：北京大学出版社，2013.
[23] 穆卓. 宝贝你们好吗：梁启超爱的教育·给孩子们的 400 余封家书[M]. 太原：山西人民出版社，2012.
[24] 沈杰. 梁启超的教子之道及其当代启示——以家庭教育的理念选择为视角[J]. 现代教育论丛，2018(1)：79-84.
[25] 曹艳. 梁启超家庭教育伦理思想初探[D]. 上海：上海师范大学，2015.
[26] 孙纯纯. 梁启超的家风教育及其当代价值[D]. 青岛：中国石油大学，2017.
[27] 江雪. 班杜拉的社会学习理论及其对家庭教育的启示[J]. 教书育人，2011(2)：25-27.
[28] 李镇西. 做最好的老师[M]. 北京：文化艺术出版社，2011.
[29] 刘玉梅，孙传远，董丽敏. 家庭教育读本[M]. 上海：复旦大学出版社，2014.
[30] 车文博. 当代西方心理学新词典[M]. 长春：吉林人民出版社，2001.
[31] 陶行知. 陶行知教育文集[M]. 成都：四川教育出版社，2005.
[32] 崔华芳. 一次就把孩子教育好 [M]. 北京：国家行政学院出版社，2006.
[33] 徐顺湘. 儿童，一粒生长的种子——生命关怀下小学生人格养成教育的整体建构[M]. 南京：南京师范大学出版社，2016.
[34] 魏勇刚. 学前儿童发展心理学[M]. 北京：教育科学出版社，2012.
[35] 高恺. 孩子给父母出的 100 个教养难题 [M]. 北京：北京工业大学出版社，2014.
[36] 陈新叶. 学前儿童同伴影响的发展过程及其在儿童社会性发展中的作用[J]. 中华女子学院山东分院学报，2000(1)：54-56.
[37] 徐文明. 读万卷书 行万里路——学者眼中的玄奘精神[J]. 中国宗教.

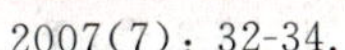

2007(7): 32-34.

[38] 卢梭.爱弥儿[M].李平沤,译.北京:商务印书馆,2017.

[39] 冯建军.教育的人学视野[M].合肥:安徽教育出版社,2008.

[40] 张文亮.牵一只蜗牛去散步[M].北京:工人出版社,2010.

[41] 徐蔚,刘玉梅,孙慧,张志京,颜煜宇.职业生涯规划实践[M].北京:清华大学出版社,2018.

[42] 饶去平.我塑我行[J].中学政治教学参考,2007(12): 27-29.

[43] 刘玉梅.管理心理学理论与实践[M].2版.上海:复旦大学出版社,2019.

[44] 查尔斯·霍顿·库利.人类本性与社会秩序[M].包凡一,王湲,译.北京:华夏出版社,2020.

[45] 杨丽珠,张丽华.3～9岁儿童自尊结构研究[J].心理科学,2005(1): 23-27.

[46] 刘丽.自我价值感·自尊需要·自尊自信人格的培养[J].江苏师范大学学报(哲学社会科学版),2016(1): 134-138.

[47] 华道金.儿童自尊感的人格教育价值及其保护与培养[D].南京师范大学硕士学位论文,2006.

[48] 罗森塔尔,雅各布森.课堂中的皮格马利翁——教师期望与学生智力发展[M].唐晓杰,崔允漷,译.吴棠,校.北京:人民教育出版社,2003.

[49] 孙中山.建国方略[M].北京:中华书局,2011.

[50] 孔谧,沈丽丹,陈文科.读懂孩子的"说明书"[M].北京:中国妇女出版社,2010.

[51] 陈楠.让孩子学会坚强[M].北京:中国经济出版社,2013.

[52] 刘杭玲.尊重孩子——教育孩子的良方[J].幼儿教育,2002(12): 36-37.

[53] 马丁·塞利格曼,卡伦·莱维奇,莉萨·杰科克斯,简·吉勒姆.教出乐观的孩子:让孩子受用一生的幸福经典[M].洪莉,译.北京:北京联合出版公司,2017.

[54] 泰勒·本-沙哈尔.幸福的方法 哈佛大学最受欢迎的幸福课[M].汪冰,刘骏杰,译.倪子君,校译.北京:中信出版社,2013.

[55] 克里斯托弗·彼得森.积极心理学[M].徐红,译.北京:群言出版社,2010.

[56] 克里斯托弗·彼得森.打开积极心理学之门[M].侯玉波,王非,等译.北京:机械工业出版社,2010.

[57] 威廉·莎士比亚.威尼斯商人：莎士比亚喜剧选[M].朱生豪，译.北京：人民文学出版社，2018

[58] 戴维·米勒，韦农·波格丹诺.布莱克维尔政治学百科全书(修订版)[M].邓正来，译.北京：中国政法大学出版社，2002.

[59] 冯建军，马苗苗.多元社会宽容的价值与宽容教育[J].当代教育与文化，2009(3)：38-44.

[60] 贺来.宽容意识[M].长春：吉林教育出版社，2001.

[61] 柏拉图.理想国[M].黄颖，译.北京：中国华侨出版社，2012.

[62] 杨丽珠，董光恒.3～5岁幼儿自我控制能力结构研究[J].心理发展与教育.2005(4)：7-12.

[63] 沃尔特·米歇尔.棉花糖实验[M].任俊，闫欢，译.北京：北京联合出版公司，2016.

[64] 黄蓓蓓.亚里士多德论勇敢精神的美[J].西部学刊，2016(3)：42-44.

[65] 赵红.点燃孩子勇敢精神的火花[J].家庭与家教(现代幼教)，2008(6)：28-29.

[66] 贾黛翃.世界最伟大的教育法则[M].北京：海豚出版社，2005.

[67] 孙云晓.教育的核心是培养健康人格[M].南京：凤凰出版传媒集团，江苏教育出版社，2009.

[68] 许慎.说文解字[M].南京：江苏凤凰美术出版社，2007.

[69] 徐晋华.人无信不立——家庭教育如何培养孩子诚信负责[J].中华家教，2006(6)：4-7.

[70] 张铭.诚信，孩子成长路上的基石——小学“品德与社会”诚信教育探索[J].福建教育学院学报，2016(2)：86-87.

[71] 杨伯峻.孟子译注(典藏版)[M].北京：中华书局，2018.

[72] 陆桂萍.合作——架起孩子交往的桥梁[J].教育教学论坛，2013(44)：253-254.

[73] 杨立军.伊顿公学的经典法则[M].上海：学林出版社，2013.

后　记

家庭是孩子来到这个世界之后开始人生之旅的第一场所，父母是孩子的第一任启蒙老师。在孩子最早打量世界、认识世界的时候，他们接触最多的人是父母，最先被孩子无条件认定的、最亲近的人还是父母。父母的一言一行、一举一止，都体现着他们的生活方式和人生态度。因此，作为家长必须时时处处以身作则，给孩子树立起良好的榜样。“智慧父母成长课堂”丛书就是基于此种主旨的探索，将理论与实证分析相结合，给家庭教育提供一些有益的启示和帮助。

期待通过本丛书的出版，能够帮助广大读者建立这样的家庭教育理念：家长对孩子的身体发育、心理发育、智力开发以及孩子各方面能力的培养肩负着无可替代的重要职责，既要教会孩子怎样学会知识，又要教会孩子怎样做人；家庭教育对孩子行为习惯的养成、学习态度的奠基、世界观和人生观的确立都有着重大的促进作用；每个孩子的成长，既要依靠学校教育的培育、社会教育的规范来完成，更需要家庭环境的滋养、家长教育的点亮来完善。

本丛书的顺利出版，首先要感谢上海开放大学副校长王伯军。王校长作为本丛书的总策划，确立了丛书的选题、结构框架、总体方向和表达风格。其次要感谢上海开放大学非学历教育部部长王松华和副部长姚爱芳，他们自始至终参与了丛书的策划和定稿，为丛书的顺利完成时时助力。

本丛书能够如期付梓，还要感谢几位作者，他们在丛书编委会的指导下度过了两年携手同行的编写时光。作为一线教师，在繁忙的教学和科研之中，他们对家庭教育满怀热情，以大胆执着的探索精神、扎实严谨的科学态度，在广泛调研的基础上，潜心写作，笔耕不辍，高效完成了本丛书的写作。在此，向他们表示由衷的敬佩和感谢！

本丛书的圆满出版，更要感谢清华大学出版社编辑团队，他们为丛书的设计和出版付出了辛勤劳动和专业智慧。同时，还要感谢上海开放大学人文学院艺术系的郭大伟老师，为丛书设计了精美的插画。

本丛书从制订撰写方案到完稿虽然有两年时间，但限于作者在这一新领域的撰写经验有限，丛书难免有疏漏或不当之处，敬请读者批评、指正。

最后，衷心祝愿天下所有父母和孩子生活圆满，幸福安康！

“智慧父母成长课堂”丛书主编　杨敏